Gestão Estratégica de
PESSOAS

Obtendo resultados com a ISO 10015

Norma ABNT NBR ISO 10015:2001
Gestão da Qualidade - Diretrizes para Treinamento

Sebastião Guimarães
Jorge de Paiva Campos
Ana Cristina da Costa Piletti

Gestão Estratégica de
PESSOAS

Obtendo resultados com a ISO 10015

Norma ABNT NBR ISO 10015:2001
Gestão da Qualidade – Diretrizes para Treinamento

Copyright© 2013 by Sebastião Guimarães,
Jorge de Paiva Campos e Ana Cristina da Costa Piletti

Todos os direitos desta edição reservados à Qualitymark Editora Ltda.
É proibida a duplicação ou reprodução deste volume, ou parte do
mesmo, sob qualquer meio, sem autorização expressa da Editora.

Direção Editorial	Produção Editorial
SAIDUL RAHMAN MAHOMED editor@qualitymark.com.br	EQUIPE QUALITYMARK

Capa	Editoração Eletrônica
EQUIPE QUALITYMARK	SBNigri Artes e Textos Ltda.

CIP-BRASIL. CATALOGAÇÃO NA PUBLICAÇÃO
SINDICATO NACIONAL DOS EDITORES DE LIVROS, RJ

G98g

Guimarães, Sebastião

Gestão estratégica de pessoas : obtendo resultados com a ISO 10015 : Norma ABNT NBR ISO 10015:2001, Gestão da qualidade – diretrizes para treinamento/ Sebastião Guimarães, Jorge de Paiva Campos, Ana Cristina da Costa Piletti. – 1. ed. – Rio de Janeiro : Qualitymark Editora, 2013.

216 p. : il. ; 21 cm.

Inclui bibliografia e índice

ISBN 978-85-414-0106-7

1. Administração de pessoal. 2. Recursos humanos. 3. Planejamento Estratégico. I. Campos, Jorge de Paiva. II. Piletti, Ana Cristina da Costa. III. Título.

13-03099
CDD: 658.3
CDU: 005.95/.96

2013
IMPRESSO NO BRASIL

Qualitymark Editora Ltda.
Rua Teixeira Júnior, 441 – São Cristovão
20921-405 – Rio de Janeiro – RJ
Tel.: (21) 3295-9800 ou 3094-8400

QualityPhone: 0800-0263311
www.qualitymark.com.br
E-mail: quality@qualitymark.com.br
Fax: (21) 3295-9824

Apresentação

Depois de publicarem um ótimo livro sobre a ISO 10015 (*Em busca da Eficácia em Treinamento*), o professor Sebastião Guimarães e Jorge de Paiva Campos, agora com a participação de Ana Cristina da Costa Piletti, trazem mais uma obra fundamental para transformar o seu RH em um RH estratégico: *Gestão Estratégica de Pessoas – Obtendo Resultados com a ISO 10015*.

Tive o privilégio de ler a obra em primeira mão com a missão de apresentá-la. Posso adiantar que não foi uma missão difícil, dado o prazer que tive durante a leitura. Em 170 páginas aproximadamente, eles conseguiram condensar um grande volume de informação sobre o tema sem torná-lo cansativo!

O novo livro é destinado principalmente aos profissionais de RH, mas oferece uma significativa contribuição aos docentes e alunos de graduação ou pós-graduação na área de gestão de pessoas, pois sua estruturação didática permite uma evolução gradual dos temas e uma experiência interessante de aprendizado.

Suas cinco seções não se limitam apenas à teoria, mas oferecem dinâmicas, explicam os conceitos abordados, apresentam cases e dão dicas de aplicação do conhecimento adquirido.

Mais uma vez superaram minhas expectativas com a criatividade e seriedade didática com que a obra foi elaborada. Os autores colocaram nela uma paixão evidente pelo que acreditam, pelo ideal de evolução dos "Departamentos Pessoais" para "Departamentos de Recursos Humanos", e desses para "Departamentos de Gestão Estratégica de **Pessoas**". Afinal o que de fato constitui as organizações, independentemente de ramo, mercado, tamanho ou quaisquer outros fatores, são as **pessoas**. Somos nós, cada um exercendo seu papel no teatro da vida, no dia a dia das empresas, que garantimos o futuro e a perenidade de onde retiramos o sustento de nossas famílias. Gerenciar estrategicamente esse importante patrimônio é uma competência que todas as empresas devem adquirir, desenvolver e manter.

A obra de Sebastião Guimarães, Jorge de Paiva Campos e Ana Cristina da Costa Piletti contribui decisivamente para essa conquista!

Ronaldo Costa
www.qualiblog.com.br

Sinopse

O livro aborda as principais funções e atividades de Recursos Humanos (RH), enfatizando as melhores práticas de Treinamento e Desenvolvimento (T&D). Destaca o papel estratégico da mensuração de resultados por meio do estabelecimento de métricas, da utilização da ferramenta Retorno sobre Investimentos (ROI), da formulação dos indicadores para verificar o valor agregado do capital humano no desempenho geral da organização e da implementação da norma ISO 10015. Essa norma compõe a série NBR ISO 10000, sendo parte integrante da família ISO 9000 e fundamentada pelos princípios da gestão da qualidade. Isso significa que uma organização que adota a norma ISO 10015 reconhece, investe, valoriza e acredita na capacidade de seus funcionários, ou seja, é uma organização que busca constantemente o desenvolvimento de seus recursos humanos, promove treinamentos e programas educacionais, buscando proporcionar um ambiente de trabalho de satisfação e produtividade.

Dee Hock (*apud* NETO, [2001], p. 5), fundador e diretor executivo emérito da Visa, escreveu: "o mais abundante, o mais barato, o menos utilizado e o mais abusado recurso do mundo é a engenhosidade humana". Quando ambientes organizacionais são geridos de forma a reforçar a engenhosidade humana, os resultados são visíveis e podem ser mensurados porque aparecem no desempenho positivo das empresas.

Assim, o propósito desse livro é apontar um caminho para ajudar os profissionais da empresa a lograr êxito em suas atividades por meio do treinamento e desenvolvimento das pessoas.

Organização da Obra: Cinco capítulos com conteúdos teóricos, e referências ao final do livro. Todos os capítulos são compostos por seções comuns, sendo elas:

- **Construindo um Glossário:** Sugestões de pesquisa sobre alguns termos e conceitos do capítulo, com o objetivo de aprimorar alguns conhecimentos técnicos e teóricos.

- **Questões sobre o Capítulo:** Questões relacionadas ao conteúdo do capítulo, para revisão dos conceitos.

- *Case:* Apresentação de um *case* fictício ou real, contendo perguntas norteadoras para discussão e análise em grupo.

- **Conhecendo Autores:** Indicação de pesquisas realizadas sobre algum autor mencionado no texto.

- **Pesquisa de Campo:** Sugestão de realização de pesquisa ou atividade prática em organizações reais, podendo ser utilizadas técnicas de entrevistas com especialista, aplicação de questionários com funcionários de uma organização ou elaboração e execução de uma ação de recursos humanos para determinada empresa.

Sinopse

- **Dicas de Filmes:** Indicação de alguns filmes com temas relacionados aos capítulos, que poderão ser trabalhados pelos estudantes e profissionais da área em dinâmicas, debates, discussões em grupo, entre outras atividades de formação complementar.

- **Dinâmica:** Apresentação de uma dinâmica, a ser realizada em grupo, com o objetivo de integrar, motivar, trabalhar habilidades e desenvolver atitudes colaborativas e reflexivas em todos os participantes.

- **Para Descontrair:** Apresentação de frases, humor e curiosidades relacionadas ao tema do capítulo, para que o leitor possa refletir sobre a gestão de pessoas a partir de pensamentos de filósofos, escritores e profissionais da área.

Público: O livro é destinado a estudantes universitários e profissionais que atuam com gestão de pessoas.

Prefácio

De acordo com a ABNT NBR ISO 10015:2001 – Gestão da Qualidade – Diretrizes para Treinamento – as empresas devem criar mecanismos funcionais para conhecer e aprimorar suas competências. A aplicação do conceito *core competence* permite direcionar o foco do treinamento e concentrar energias no objetivo estratégico da empresa. Isso em si caracteriza a atuação estratégica do Departamento de Recursos Humanos (RH).

Estima-se que haverá uma grande mudança na área de RH, e nos negócios de modo geral, porque a evolução tecnológica e da comunicação já ganha espaço em todos os tipos de empreendimentos. Nota-se que essa nova ordem privilegia o fator humano em todos os processos de crescimento e desenvolvimento organizacional. Fica cada vez mais claro que os caminhos a serem trilhados dentro de uma organização passam por um comprometimento integral de todos os indivíduos envolvidos, não só com a força de sua mão de obra, como fonte geradora de produção e de prestação de serviço, mas com uma participação criadora, transformista e ativa. De acordo com Ruzzarin (2002, p. 14), esse sucesso somente será alcançado quando utilizarmos o engenho humano. Como a capacidade intelectual é única e essencial para criar soluções, deve ser aplicada também para arregimentar e organizar recursos e canalizar energias para transformar a realidade ao nosso redor.

Convém ressaltar que a valorização das pessoas irá fortalecer ainda mais o relacionamento com a empresa, principalmente quando elas próprias perceberem motivação para seu desenvolvimento, quando se sentirem membros da empresa e de fato perceberem que a sua contribuição é significativa e decisória em alguns processos.

As pessoas são depositárias do patrimônio intelectual da empresa, bem como da capacidade e da agilidade de resposta da organização aos estímulos do ambiente e, ainda, da capacidade de visualização e exploração de oportunidades de negócio (Dutra, 2001, p. 26).

Essa capacidade e agilidade a que Dutra se refere nada mais são do que a adequação da empresa às mudanças proporcionadas pela disputa de mercado num mundo globalizado. Desse modo, o que se percebe é a consolidação da ideia sobre a capacidade e agilidade de gerar riqueza, que deve estar diretamente associada às características intangíveis da organização, dentre as quais se destacam a tecnologia empregada e a competência dos profissionais, diferentemente dos ativos tradicionais (Ruzzarin, 2002). Influenciadas por mudanças causadas pelas inovações, pela concorrência ou por novas demandas do mercado, as organizações necessitam monitorar e aprimorar constantemente seus ativos intangíveis, e isso inclui, sobretudo, as competências de seus recursos humanos.

Essa obra auxilia o gestor a diagnosticar, planejar, executar, monitorar e avaliar seus investimentos em treinamento, de modo a atingir seus objetivos e garantir a excelência e qualidade no processo de gestão de pessoas.

Sumário

Apresentação V

Sinopse VII

Prefácio XI

Capítulo 1. GESTÃO DE RH – CONCEITOS E PRINCÍPIOS 1
1. GESTÃO DE RH – CONCEITOS E PRINCÍPIOS 3
   1.1 Eficiência e Eficácia 3
   1.2 Conceito de Competência 5
       1.2.1 CHA: Conhecimento – Habilidade – Atitude 7
       1.2.2 Conceito de Entrega 10
           1.2.2.1 Caracterização das Entregas 11
   1.3 Competências Individuais 13
   1.4 Competência Essencial 17
   1.5 Valor Compartilhado: Competência Essencial que Toda Organização Deve Ter 18
   1.6 O que É Competência para as Normas de Gestão 19
   1.7 Processo de Mudança na Aquisição de Competência 20
   1.8 Gestão da Qualidade: Uma Questão de Princípios 21
Questões sobre o Capítulo 26
Construindo um Glossário 28
Conhecendo Autores 28
Pesquisa de Campo 28
Case 28
Filmes 29
Dinâmica 29
Para Descontrair... Frases, Humor e Curiosidades 32

Capítulo 2. **RH ESTRATÉGICO E GESTÃO ESTRATÉGICA DE TREINAMENTO** 35

2. RH ESTRATÉGICO E GESTÃO ESTRATÉGICA DE TREINAMENTO 37
   2.1 A Hora e a Vez do RH Estratégico 38
   2.2 Recursos para Implementar o RH Estratégico 41
   2.3 O Envolvimento dos Treinandos 43
   2.4 O Primeiro Treinamento a Gente Nunca Esquece ... 43
   2.5 Gestão Estratégica de Treinamento: Diagnóstico e Prognóstico 44
   2.6 O Treinamento como Recurso Estratégico 46
      2.6.1 Necessidades de Melhorias 49
         2.6.1.1 Análise das Necessidades da Organização 49
         2.6.1.2 Necessidades Relacionadas à Competência 50
         2.6.1.3 Necessidades de Treinamento 50

Questões sobre o Capítulo 50
Construindo um Glossário 51
Conhecendo Autores 51
Pesquisa de Campo 51
Case 52
Filmes 53
Dinâmica 53
Para Descontrair... Frases e Humor 55

Capítulo 3. **TREINAMENTO ESTRATÉGICO E A ISO 10015** 57

3. TREINAMENTO ESTRATÉGICO E A ISO 10015 59
   3.1 Diretrizes para o Treinamento 60
   3.2 Treinamento 61
      3.2.1 Definição das Necessidades de Treinamento 62
      3.2.2 Projeto e Planejamento do Treinamento 70
      3.2.3 Execução do Treinamento 74
      3.2.3 Avaliação dos Resultados do Treinamento 75
      3.2.4 Monitoração 76

Questões sobre o Capítulo 77
Construindo um Glossário 77
Conhecendo Autores 77

Pesquisa de Campo 77
Case 77
Filmes 79
Dinâmica 79
Para Descontrair... Frases e Humor 81

Capítulo 4. AVALIAÇÃO DO TREINAMENTO: PROPOSTAS E PERSPECTIVAS 83
4. AVALIAÇÃO DO TREINAMENTO – PROPOSTAS E PERSPECTIVAS 85
   4.1 Fundamentos da Avaliação 86
   4.2 Objetivos das Avaliações 87
   4.3 Planejamento das Avaliações 89
   4.4 Indicadores para Avaliar Resultados de Treinamento 91
   4.5 Ótimo Indicador para Medir Resultados de T&D ... 95
   4.6 Avaliação da Reação 99
   4.6 Avaliação da Aprendizagem 102
   4.7 Avaliação da Mudança de Comportamento 105
      4.7.1 Avaliação de Funcionário Recém-contratado .. 108
   4.8 Avaliação dos Resultados 112
      4.8.1 Formulários para Avaliação de Resultados ... 113
   4.9 Avaliação do Retorno do Investimento (ROI) 116
   4.10 Outros Métodos, Técnicas e Recursos para Avaliar 122
   4.11 Relatório de Avaliação dos Resultados de Treinamento 125
   4.12 Avaliação do Treinamento: Procedimento Padrão ... 128
Questões sobre o Capítulo 130
Construindo um Glossário 152
Conhecendo Autores 152
Pesquisa de Campo 152
Case 152
Filmes 154
Dinâmica 154
Para Descontrair... Frases e Humor 156

Capítulo 5. **EFICÁCIA DO TREINAMENTO E IMPLEMENTAÇÃO DA ISO 10015** **159**

5. EFICÁCIA DO TREINAMENTO E IMPLEMENTAÇÃO DA ISO 10015 161
   5.1 Ciclo PDCA 162
   5.2 Eficácia do Treinamento 165
   5.3 Medição 167
   5.4 ISO 10015: Implementação e Certificação 168
      5.4.1 Sistemas de Gestão Geram Valor Agregado ... 169
   5.5 Responsáveis pela Implementação da Norma ISO 10015 170
   5.6 Usuários da ISO 10015 174
      5.6.1 Um *case* brasileiro 176
   5.7 ISO 10015 e 9001: Boas Práticas de Gestão de Pessoas 177
   5.8 O Futuro do RH e de seus Profissionais 179

Questões sobre o Capítulo 183
Construindo um Glossário 184
Conhecendo Autores 184
Pesquisa de Campo 184
Case 184
Filmes 185
Dinâmica 185
Para Descontrair... Frases e Humor 187

REFERÊNCIAS 195

OS AUTORES 199

CAPÍTULO 1

Gestão de RH – Conceitos e Princípios

Reflexão Inicial

Um bebê foi encontrado na porta de uma empresa ao amanhecer. Ao tomar conhecimento do fato, o diretor emitiu a seguinte comunicação interna: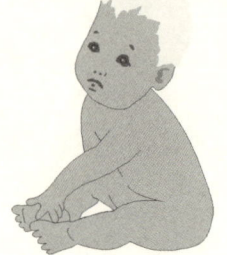

De: Diretor
Para: Recursos Humanos

Acusamos o recebimento de um recém-nascido de origem desconhecida. Formem uma comissão para investigar:
   a) se o recém-nascido é produto doméstico da empresa;
   b) se algum funcionário está envolvido com o assunto.

Após investigações, o RH enviou ao diretor a seguinte mensagem:

De: Recursos Humanos
Para: Diretor

Concluímos, após investigações, que o bebê **não pode ser produto desta empresa**, pelos seguintes motivos:
   a) na nossa empresa nunca foi feito nada com prazer ou amor;
   b) na nossa empresa jamais duas pessoas colaboraram tão intimamente entre si;
   c) aqui nunca foi feito nada que tivesse pé e cabeça;
   d) em nossa empresa jamais foi feita alguma coisa que ficasse pronta em nove meses.

A metáfora é de Peter Druker, em artigo publicado pela *Harvard Business Review*.

1. GESTÃO DE RH – CONCEITOS E PRINCÍPIOS

Há conceitos que, bem compreendidos, facilitam o entendimento de conhecimentos mais complexos. Inicialmente serão explicados os conceitos centrais da gestão de qualidade, que são: eficiência, eficácia, competência e princípios. Entendendo bem esses conceitos, será mais fácil saber o que vem a ser a gestão estratégica de pessoas, que está diretamente relacionada com a gestão de qualidade e os resultados que podem ser obtidos por meio da ISO 10015.

Figura 1: Gestão estratégica de pessoas
Fonte: Elaborado pelos autores

1.1 Eficiência e Eficácia

Existe, conforme Peter Drucker (1999), uma confusão entre *eficácia* e *eficiência*, entre fazer as coisas certas e fazer as coisas da maneira certa. Para o autor:

> Não existe coisa mais inútil do que fazer com grande eficiência as coisas que não precisam

ser feitas. O que interessa à organização não é o trabalho e sim os resultados. O profissional cônscio de resultados precisa substituir o profissional preocupado em trabalhar. O trabalho eficaz não é definido pela quantidade, nem por seu custo. É definido por seus resultados.

É usual nas empresas o emprego das expressões *eficiência* e *eficácia* como sinônimos, no entanto, são termos com significados diferentes.

Um exemplo de diferenciação entre eficiência e eficácia é o de um professor que ministra um curso para os alunos de vestibular. Se o programa foi bem apresentado, o horário foi cumprido, o material era de boa qualidade, este professor foi eficiente. Se, além disso, os alunos passarem no vestibular, o professor foi eficaz.

Isso mostra que, além da eficiência, os profissionais devem procurar a eficácia.

Profissional Eficiente X Profissional Eficaz

Profissional Eficiente	Profissional Eficaz
Preocupa-se em trabalhar	Preocupa-se em alcançar resultados
Faz certo as coisas	Faz as coisas certas
É sistemático e passivo	É criativo e proativo
Concentra-se em técnicas	Concentra-se em ideias
Zela pelos recursos	Otimiza os recursos
Reduz custos	Amplia lucros
Economiza	Maximiza
Elimina os riscos	Corre os riscos certos
Pensa na organização como provedora	Pensa na organização como realizadora
Faz o que não precisa ser feito	Estabelece prioridades
Lidera pela autoridade	Lidera pelo reconhecimento
Nunca tem tempo disponível	Sempre encontra tempo para disponibilizar-se
Visualiza o futuro como uma ameaça	Vislumbra os desafios do futuro

Os conceitos de eficiência e eficácia podem ser visualizados na validação do processo de treinamento descrito na Norma ISO 10015 da seguinte maneira:

Eficiente e Eficaz

"Se os procedimentos forem seguidos e os requisitos especificados forem alcançados, então os registros das competências devem ser atualizados para refletir essa qualificação adicional" (ISO 10015, 2001, p. 8).

Ineficiente e Eficaz

"Se os procedimentos não forem seguidos, mas os requisitos especificados forem alcançados, então convém que os procedimentos sejam revistos e os registros das competências atualizados para refletir essa qualificação adicional" (ISO 10015, 2001, p. 8).

Eficiente e Ineficaz

"Se os procedimentos forem seguidos, mas os requisitos não forem alcançados, então serão necessárias ações corretivas para melhoria do processo de treinamento ou desenvolver uma solução alternativa ao treinamento" (ISO 10015, 2001, p. 8).

(Excertos do Item 5.2 – *Validação do Processo de Treinamento* – Norma ISO 10015, 2001, p. 8.)

1.2 Conceito de Competência

O termo *competência* não é empregado somente na época atual, ele já vinha sendo utilizado em vários segmentos, nos mais diversificados níveis de tratamento pessoal. Implementado e usualmente empregado no Poder Legislativo para designar funções, também é usualmente utilizado no campo jurídico para atribuir a alguém poder para julgar questões. O que se sabe é que mesmo em 1970, época de ideologias **tayloristas,** as empresas já tinham o hábito de procurar desenvolver em seus funcionários habilidades necessárias para determinadas tarefas.

Já mais recentemente, alguns autores fazem menção à **metacognição** e a atitudes relacionadas ao trabalho, a partir da premissa de que, em um ambiente dinâmico e competitivo, não é possível considerar o trabalho um conjunto de tarefas e atividades predefinidas estáticas (Zarifian *apud* Brandão, 2001, p. 9).

Nota-se que a preocupação está então em desmistificar a competência do conceito de qualificação, que de certa forma determinava os requisitos associados à descrição do cargo ou função. Não se pode mais ficar preso apenas à descrição de cada função a ser desempenhada ou a um processo metódico e burocrático; as empresas hoje em dia adquiriram uma posição mutável e, para tal, exigem-se profissionais que apresentem perfis baseados em combinações de capacidades complexas. Isso significa incluir nas definições tradicionais de execução de tarefas os resultados e conceitos que representem características de quem está executando o trabalho, como habilidades, atitudes, conhecimentos, valores e princípios. Ao definir competência, Ruzarrin (2002, p. 25) afirma que as competências representam características possíveis de serem verificadas nas pessoas, incluindo conhecimentos, habilidades e atitudes que viabilizem uma *performance* superior.

Para Le Boterf (2003, p. 3), competência seria definida, de forma mais genérica, como um saber agir responsável e válido, que incluiria saber mobilizar, saber integrar e saber transferir recursos como conhecimento, capacidades e habilidades em um contexto profissional.

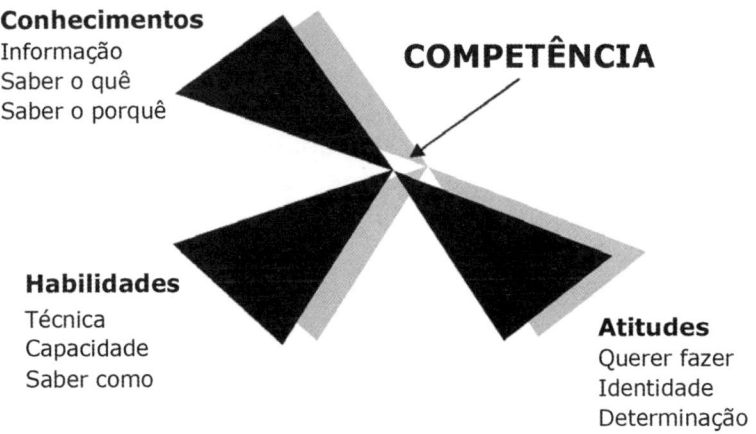

Figura 2: As três dimensões da competência
Fonte: Durand (*apud* Brandão, 2001, p. 10)

Observando-se a Figura 2, "As três dimensões da competência", percebe-se que o conhecimento está relacionado ao que o indivíduo internalizou, isto é, ao conteúdo pessoal e à forma como interpretou e aprendeu determinado conteúdo (saber o quê, saber o porquê). Esse conhecimento poderá ser visualizado ou externalizado por meio das habilidades (saber como) e das atitudes (querer fazer), manifestadas na convivência e no desempenho do indivíduo na organização.

De acordo com Hamel e Prahalad (1995, p. 36), "competência é a integração e a coordenação de um conjunto de conhecimentos, habilidades e atitudes que na sua manifestação produzem uma atuação diferenciada". Ou seja, a competência engloba os conhecimentos, habilidades e atitudes de um indivíduo, conhecidos pela sigla CHA.

1.2.1 CHA: Conhecimento – Habilidade – Atitude

O CHA é uma sigla formada pelas letras iniciais das palavras: Conhecimento, Habilidade, Atitude. Conhecendo o CHA, fica mais fácil entender o conceito de **competência**.

CONHECIMENTO
Saber
Domínio Cognitivo

O conhecimento está relacionado aos conteúdos adquiridos pelos indivíduos por meio de estudos e formações técnicas e acadêmicas. É a capacidade de pensar e teorizar sobre os saberes adquiridos.

HABILIDADE
Saber Fazer
Domínio Psicomotor

A habilidade está no domínio psicomotor, ou seja, são atributos relacionados ao saber fazer. É a forma como os indivíduos aplicam seus conhecimentos nas atividades e vivências diárias. Assim, as habilidades estão atreladas não apenas ao saber fazer, mas aos saberes (conhecimentos) e ao saber ser (atitudes), já que são expressas no saber agir (práticas no trabalho).

Habilidades, uma Questão de Competências?

- As habilidades são atributos relacionados não apenas ao saber fazer, mas aos saberes (conhecimentos), ao saber ser (atitudes) e ao saber agir (práticas no trabalho).
- A competência é formada ao longo da vida do trabalhador, exigindo um processo de educação contínua, as habilidades devem seguir essa mesma configuração. Assim, habilidades básicas, específicas e de gestão podem ser desenvolvidas em qualquer momento da vida de uma pessoa.
- As habilidades básicas podem ser entendidas em uma ampla escala de atributos, que parte de habilidades mais essenciais, como ler, interpretar, calcular, até chegar ao desenvolvimento de funções cognitivas que propiciem o desenvolvimento de raciocínios mais elaborados.
- As habilidades específicas estão estreitamente relacionadas ao trabalho e dizem respeito aos saberes,

saber fazer e saber ser, exigidas por postos, profissões ou trabalhos em uma ou mais áreas correlatas.
- As habilidades de gestão estão relacionadas às competências de autogestão, de empreendimento, de trabalho em equipe.
- No planejamento das habilidades, devem-se considerar as expectativas não apenas do mercado de trabalho, mas as expectativas e interesses do trabalhador.
- Na perspectiva das ações educativas, deve-se pensar na formação de formadores para que as habilidades tenham potencial para serem realmente incorporadas.
- Os planejamentos de desenvolvimento das habilidades básicas, específicas e de gestão devem prever o acompanhamento e a avaliação dos resultados obtidos.

(Excertos de BRASIL. Ministério do Trabalho. *Habilidades, uma questão de competências?* Brasília, DF: Mtb/SE¬FOR, 1996.)

ATITUDE
Querer Fazer
Domínio Afetivo

A atitude está no domínio afetivo do indivíduo e, por isso, está associado às emoções, sentimentos e valores das pessoas. Na atitude verifica-se o comportamento humano, sendo relevante entender suas motivações, o que os levam a ter interesses e preferências por determinadas ações ou trabalho.

O que Motiva as Pessoas para o Trabalho?

A palavra *motivação* origina-se de *motivo*, que é tudo aquilo que impulsiona a pessoa a agir de determinada maneira. Esse impulso pode ser provocado por um estímulo externo, provindo do ambiente, ou por processos de raciocínio do indivíduo, os quais sempre advêm de uma necessidade. Assim, todo comportamento funciona como um ciclo. Uma necessidade gera um desequilíbrio, levando o indivíduo a uma ação, orientada para a finalidade de retornar ao estado original, suprindo a necessidade que o desequilibrou. Logo, o comportamento humano é um processo contínuo de resolução de problemas e satisfação de necessidades. Para Morris (1998, p. 216):

> O mais poderoso motivador das pessoas no local de trabalho é o sentimento, continuamente reforçado pelas mensagens e pelo tratamento que recebem, de que o trabalho conjunto eficaz garantirá e promoverá o que elas amam e valorizam mais profundamente, por exemplo, a segurança de suas famílias, a prosperidade de suas comunidades, um senso de autoestima positiva e uma experiência de importância e orgulho do seu dia a dia.

Enfim, o foco está em agregar valor às empresas por meio das competências ou, em outras palavras, o quanto de valor está sendo entregue ou manifestado pelas pessoas na organização. O ponto chave para a definição de competência está nessa nova postura que o funcionário deve adotar, alinhando e utilizando aspectos cognitivos, psicomotores e afetivos dentro da organização, para a **entrega ou manifestação** de um desempenho diferenciado nesse mundo de globalização e mutações constantes.

1.2.2 Conceito de Entrega

O conceito de competência vai, portanto, além do CHA. Envolve também o conceito de entrega (manifestação).

> Se tenho dois funcionários em minha equipe que desempenham as mesmas funções, que são remunerados e avaliados por parâmetros idênticos, mas um deles quando lhe é pedido que resolva um problema, traz a solução com muita eficiência e eficácia, devo

admitir que, para minha equipe, este último é mais valioso.

Ao olharmos as pessoas por sua capacidade de entrega, temos uma perspectiva mais adequada (porque mais individualizada) para avaliá-las, para orientar o desenvolvimento delas e para estabelecer recompensas (Dutra, 2001, p. 52)

O conceito de entrega está relacionado com o que dizia o filósofo Confúcio: "A essência do saber é, em tendo, aplicá-lo".

1.2.2.1 Caracterização das Entregas

As competências devem ser graduadas, tendo-se em vista o nível de complexidade da entrega. Tal graduação permite um melhor acompanhamento da evolução da pessoa em relação à sua entrega para a organização e/ou negócio. Uma vez que graduamos as competências em relação à complexidade da entrega esperada, temos uma escala mais adequada para acompanhar sua evolução.

Veja, a seguir, um modelo de graduação citado por Leonardo Trevisan (2001). O modelo se refere ao "Sistema de Competências" desenvolvido pelo governo britânico.

Graduação das Competências
Nível 1 – *o trabalhador possui competência para desenvolver algumas atividades de rotina dentro do conjunto de atividades englobadas por aquela função;*
Nível 2 – *o trabalhador possui competência e conhecimento para exercer com "relativa autonomia" as atividades daquela função em uma variedade de contextos, e sua formação lhe permite trabalhar em grupo;*
Nível 3 – *o trabalhador possui competência para exercer um amplo conjunto de atividades referentes àquela função, mesmo as mais complexas e não rotineiras, e sua formação lhe permite exercer com autonomia funções desprovidas de maior complexidade;*

(continua)

(continuação)

> **Nível 4** – o trabalhador possui competência para exercer todo tipo de atividade relativa àquela função, em diferentes contextos, e um "substancial grau de responsabilidade e autonomia" para exercer posto que envolva alocação de recursos;
> **Nível 5** – o trabalhador possui competência prevista no Nível 4 e formação para analisar e estabelecer "diagnóstico de situação", bem como exercer funções de planejamento e avaliação de desempenho.

Enfim, o **conceito de competência** é complexo e abrange diversos significados, como explica Fleury, A.; Fleury, M. (2004):

- Competência é uma palavra do senso comum, utilizada para designar pessoa qualificada para realizar algo. Seu oposto ou antônimo não apenas implica a negação dessa capacidade, mas também guarda um sentimento pejorativo, depreciativo. Chega mesmo a sinalizar que a pessoa se encontra, ou se encontrará brevemente, marginalizada nos circuitos de trabalho e reconhecimento social.
- As competências são sempre contextualizadas. Os conhecimentos e o *know-how* não adquirem *status* de competência a não ser que sejam comunicados e trocados. A rede de conhecimento em que se insere o indivíduo é fundamental para que a comunicação seja eficiente e gere competência.
- A noção de competência aparece, assim, associada a ações como saber agir, mobilizar recursos, integrar saberes múltiplos e complexos, saber aprender, saber se engajar, assumir responsabilidades, ter visão estratégica.
- As competências devem agregar **valor econômico** para a organização e **valor social** para o indivíduo.

Significado das ações expressas no **conceito de competência** (Fleury, A.; Fleury, M., 2004):

Saber agir	1. Saber o que e por que faz.
	2. Saber julgar, escolher, decidir.
Saber mobilizar	1. Saber mobilizar recursos de pessoas, financeiros, materiais, criando sinergia entre eles.

(continua)

(continuação)

Saber comunicar	1. Compreender, processar, transferir informações e conhecimentos, assegurando o entendimento da mensagem pelos outros.
Saber aprender	1. Trabalhar o conhecimento e a experiência. 2. Rever modelos mentais. 3. Saber desenvolver-se e propiciar o desenvolvimento dos outros.
Saber comprometer-se	1. Saber engajar-se e comprometer-se com os objetivos da organização.
Saber assumir responsabilidades	1. Ser responsável, assumindo os riscos e as consequências de suas ações, e ser por isso reconhecido.
Ter visão estratégica	1. Conhecer e entender o negócio da organização, seu ambiente, identificando oportunidades, alternativas.

"Definimos, assim, competência: um saber agir responsável e reconhecido, que implica mobilizar, integrar, transferir conhecimentos, recursos, habilidades, que agreguem valor econômico à organização e valor social ao indivíduo" (Fleury, A.; Fleury, M., 2004).

1.3 Competências Individuais

Competências individuais são aquelas que os profissionais devem possuir para assegurar o desenvolvimento das competências de suas áreas e, consequentemente, das competências essenciais da organização.

Identifique, primeiro, as competências essenciais da organização. A seguir, as competências das áreas e, a partir destas, identifique as competências dos seus profissionais.

Para identificar as competências individuais dos profissionais, nada melhor que a participação dos gestores no processo de validação de uma lista preliminar de competências. Uma lista preliminar pode ser obtida no Ministério do Trabalho, que elaborou a Classificação Brasileira de Ocupações (CBO).

Obviamente, essa lista pode ser modificada, de acordo com as características da empresa que pretende adotá-la.

Como exemplo, seguem as competências de diretor de recursos humanos e relações de trabalho, conforme definição da CBO 2002, e uma descrição de cargo de operador técnico de produção, utilizada por uma organização que necessita desse profissional.

Quadro: Competências de diretores de recursos humanos e relações de trabalho

Família 1232: Diretores de recursos humanos e relações de trabalho
Título 1232-05 – Diretor de recursos humanos / Diretor de capital humano
Título 1232-10 – Diretor de relações de trabalho
Competências pessoais
1. Agir com ética profissional
2. Mostrar liderança
3. Reciclar-se constantemente
4. Demonstrar capacidade de empreender
5. Negociar
6. Agir como facilitador
7. Trabalhar em equipe
8. Demonstrar facilidade de comunicação
9. Mostrar flexibilidade
10. Trabalhar com pessoas

No portal do Ministério do Trabalho e do Emprego (www.mtecbo.gov.br), além das competências pessoais de todas as ocupações oficialmente reconhecidas, estão à disposição as seguintes informações:
- Histórico da ocupação;
- Descrição sumária;
- Características de trabalho;
- Áreas de atividades;
- Relatório de família;
- Conversão;
- Participantes da descrição.

Quadro: Descrição de cargo de operador técnico de produção

DESCRIÇÃO DO CARGO

TÍTULO DO CARGO ATUAL: OPERADOR TÉCNICO PRODUÇÃO	CARREIRA: OPERACIONAL	COD. DO CARGO: 101 nível 7 CBO DO CARGO:
DIRETORIA:	GERÊNCIA / SUPERVISÃO: INDUSTRIAL / PRODUÇÃO	ÁREA / SETOR:
SUMÁRIO / OBJETIVO DO CARGO: Operar equipamentos das linhas de produção, cumprindo metas e programas de produção e respondendo por sua conservação, limpeza, descontaminação e preparação. Trabalhar visando à obtenção de produtos com qualidade e dentro das especificações requeridas. Fazer ajustes e parametrizações nas máquinas de envase. Realizar manutenção preventiva simples e trocar pequenas peças.		**PRINCIPAIS ATRIBUIÇÕES / RESPONSABILIDADES:** – Operar os equipamentos das linhas de produção e mantê-los conservados. – Cumprir o programa semanal de produção. – Fazer ajustes e parametrizações nas máquinas de envase e dar apoio técnico nos equipamentos das linhas de envase. – Preencher diariamente o formulário de solicitação de apoio técnico de envase. – Fazer controle e conferência de matérias-primas e embalagens recebidas do armazém. – Controlar os resíduos e efluentes das unidades de envase. – Fazer coletas de amostras. – Realizar controle inicial e inspeção final dos lotes de produtos envasados. – Identificar área, material e produto acabado posicionando a etapa do processo.

(continua)

(continuação)

REQUISITOS / ESPECIFICAÇÕES:	– Apresentar sugestões para o desenvolvimento e melhorias do processo de produção.
Formação desejável: Ensino Médio completo. **Experiência:** 4 a 6 anos **Idioma:** Não necessita **Informática:** Não necessita	– Trabalhar visando à obtenção de produtos com qualidade de acordo com as especificações descritas. – Preencher corretamente toda documentação relativa à produção (formulários, folhas de marcha). – Ser responsável pela limpeza e conservação da área. – Conhecer e praticar a Política da Qualidade, do Meio Ambiente, da Saúde e Segurança. Cumprir a política, procedimentos e instruções do Sistema Integrado de Gestão pertinentes à sua função e responsabilidades. – Cumprir as normas de saúde e segurança do trabalho e procedimentos internos da empresa. – Manter os ativos e ferramentas de trabalho da empresa.
CONHECIMENTOS REQUERIDOS (Específicos e Gerais): – Desejável curso técnico em eletrônica. – Treinamento em técnicas de produção (formulação e envase). – Noções de informática.	
PERFIL DESEJÁVEL (Características Profissionais / Pessoais) – Relacionamento interpessoal. – Habilidades para trabalho de equipe.	

RESPONSÁVEL DA ÁREA	APROVAÇÃO		DATA VIGÊNCIA
	DIRETORIA DA ÁREA	ÁREA DE REC. HUMANOS	

1.4 Competência Essencial

Muitas empresas estão confusas em relação ao que é uma competência essencial (*core competence*). A introdução do conceito pode ser útil para fornecer uma definição um pouco mais específica dessa competência.

A integração é a marca de autenticidade das competências essenciais. Uma competência específica de uma organização representa a soma do aprendizado de todos os conjuntos de habilidades, tanto em nível pessoal quanto de unidade organizacional. Portanto, é muito pouco provável que uma competência essencial se baseie inteiramente em um único indivíduo ou em uma pequena equipe.

Segundo Prahalad e Hamel (1995, p. 36), para que uma competência seja considerada essencial deve passar por três testes:

> **Valor percebido pelos clientes:** Uma competência essencial deve permitir à empresa agregar valor de forma consistente e diferenciada a seus clientes.
>
> **Diferenciação entre concorrentes**: Uma competência essencial deve diferenciar a empresa de seus competidores. Precisa ser algo percebido pelo mercado como específico da marca, do produto ou da própria empresa.
>
> **Capacidade de expansão:** Uma competência essencial deve abrir as portas do futuro para a empresa. Não basta que ela seja a base para os produtos e serviços atuais. É necessário que ela possa sustentar novos produtos e serviços.

A vantagem de trabalhar com o conceito de competência é que ele permite direcionar o foco, concentrar energias no que é necessário trabalhar para que a empresa alcance os seus objetivos operacionais e estratégicos. De nada adianta elaborar uma lista extensa de capacidades, se não conseguirmos dar destaque e desenvolver aquelas que poderão ter mais impacto no negócio.

O que caracteriza a competência é a integração e a coordenação de um conjunto de habilidades, conhecimentos e atitudes que, na sua manifestação, produzem uma atuação diferenciada. Elas não se restringem a uma área específica da empresa, estão difundidas de forma ampla em toda a organização.

Em termos práticos, se, durante o processo de definição das competências específicas de uma empresa ou unidade de negócios de médio porte, uma equipe de gerentes identifica quarenta, cinquenta ou mais "competências", provavelmente está descrevendo habilidades e tecnologias, e não as competências essenciais.

Por outro lado, se listar apenas uma ou duas competências, provavelmente está usando um nível de agregação demasiadamente amplo para gerar *insights* significativos.

Normalmente o nível de agregação mais útil resulta em cinco a quinze competências essenciais.

1.5 Valor Compartilhado: Competência Essencial que Toda Organização Deve Ter

Há uma nova competência que toda organização pública ou privada deve ter, principalmente as de grande porte. Essa nova competência está brilhantemente descrita na *Harvard Business Review Brasil* (2011):

> Os autores, Michael E. Porter, professor da *Harvard Business School*, e seu colega Mark R. Kramer, consultor especializado em impacto social, abordam um tema bem distinto: repensar a natureza da empresa. Segunda a dupla, os novos desafios do planeta exigem que a empresa busque o "Valor Compartilhado" – ou seja, que inove e gere valor econômico de uma maneira que também atenda aos anseios da sociedade (com o enfrentamento de suas necessidades e desafios). É preciso reconectar o sucesso da empresa ao progresso social. Valor Compartilhado não é responsabilidade social, filantropia ou mesmo sustentabilidade, mas uma nova forma de obter sucesso econômico. Para que o Va-

lor Compartilhado se materialize, líderes e gerentes terão de adquirir novas habilidades e conhecimentos. Já o poder público precisa aprender a regular de modo a fomentar – e não obstruir – o Valor Compartilhado.

Portanto, se a organização definir o **valor compartilhado** como uma das suas competências essenciais, ela certamente terá não só um valor, que será percebido pelo cliente ou usuário de seus produtos e serviços, mas terá também a competência para diferenciar a organização em relação a seus competidores e para adquirir a capacidade de expansão.

Ao falarmos sobre competências essenciais, é bom lembrar a questão do foco, como nos ensina Hamel e Prahalad (1995), no livro *Competindo pelo futuro*:

> Em termos práticos, se, durante o processo de definição das competências, uma equipe de gerentes identifica quarenta, cinquenta ou mais "competências", provavelmente está descrevendo habilidades e tecnologias, e não as competências essenciais da organização. Por outro lado, se listar apenas uma ou duas competências, provavelmente está usando um nível de agregação demasiadamente amplo para gerar *insights* significativos. Normalmente o nível de agregação mais útil resulta em cinco a quinze competências essenciais.

Estamos convencidos de que, entre as cinco ou quinze competências essenciais, deverá estar o valor compartilhado. E, logicamente, para implementarem as competências essenciais, os líderes, gestores e profissionais das organizações precisam eliminar seus ***gaps*** de competências, conforme preconiza a Norma ISO 10 015.

1.6 O que É Competência para as Normas de Gestão

A ABNT NBR ISO 9000 constitui uma família de normas que servem como instrumentos de referência para a gestão da qualidade. A eficácia de sua metodologia é comprovada e pode ser utilizada por qualquer tipo e porte de organização. As normas NBR ISO 9001 e NBR ISO 9004 formam um par consistente de normas sobre a gestão da qualidade e, ao lado delas, a NBR ISO 10015 contribui para a excelência organizacional, já que se refere à qualidade de treinamento de pessoal, principal ativo das organizações atualmente. Convém destacar como essas normas definem competência, verificando como o referencial teórico abordado nesta obra contribui para a utilização efetiva das normas nas organizações.

Competência é:	Competência é:
"Aplicação do conhecimento, habilidade e comportamento no desempenho."	"A capacidade demonstrada para aplicar conhecimentos e habilidades."
ABNT NBR ISO 10015: 2001	**ABNT NBR ISO 9000: 2008**

1.7 Processo de Mudança na Aquisição de Competência

De acordo com Hersey; Blanchard (1986), para se ter competência é indispensável adquirir conhecimento, como bem explica o seguinte gráfico:

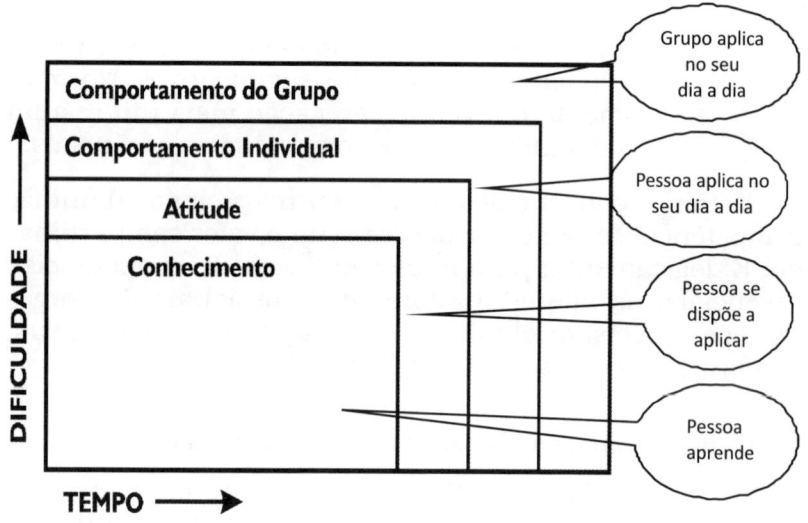

A mudança mais fácil de realizar é a de conhecimento, seguida pela mudança de atitude. A mudança de comportamento já é, consideravelmente, mais difícil e bem mais demorada que qualquer uma das duas anteriores. Mas talvez a mais difícil e mais lenta de todas seja a mudança de comportamento de grupos de pessoas e de organizações.

Considerando a importância do treinamento como recurso para aumentar e melhorar a competência das organizações e dos profissionais, a *International Organization for Standardization* (ISO) desenvolveu a Norma ISO 10015: Diretrizes para treinamento. "Estas diretrizes abrangem o desenvolvimento, implementação, manutenção e melhoria das estratégias e dos métodos de treinamento que afetam a qualidade dos produtos fornecidos por uma organização" (ISO 10015, 2001, p. 2).

1.8 Gestão da Qualidade: Uma Questão de Princípios

A ISO 10015: Diretrizes para treinamento – é uma norma de Gestão da Qualidade, ou seja, pertence à família ISO 9000 e, como tal, tem como base os seguintes princípios, expostos na ISO 9004:

a) Foco no cliente

Organizações dependem de seus clientes e, portanto, convém que entendam as necessidades atuais e futuras do cliente, atendam aos requisitos e procurem exceder as suas expectativas.

b) Liderança

Líderes estabelecem unidade de propósitos e o rumo da organização. Convém que eles criem e mantenham um ambiente interno onde as pessoas possam estar totalmente envolvidas no propósito de atingir os objetivos da organização.

c) Envolvimento de pessoas

Pessoas de todos os níveis são a essência de uma organização e seu total envolvimento possibilita que as suas habilidades sejam usadas para o benefício da organização.

d) Abordagem de processo

Um resultado desejado é alcançado mais eficientemente quando as atividades e os recursos relacionados são gerenciados como um processo.

e) Abordagem sistêmica para a gestão

Identificar, entender e gerenciar processos inter-relacionados, como um sistema, contribui para a eficácia e eficiência da organização no sentido de esta atingir seus objetivos.

f) Melhoria contínua

Convém que a melhoria contínua do desempenho global da organização seja seu objetivo permanente.

g) Abordagem factual para tomada de decisão

Decisões eficazes são baseadas na análise de dados e informações.

h) Benefícios mútuos nas relações com os fornecedores

Uma organização e seus fornecedores são independentes e uma relação de benefícios mútuos aumenta a habilidade de ambos em agregar valor.

Para implementar eficazmente as Normas de Gestão, o primeiro passo é identificar a *"aderência aos princípios"*, o que facilmente pode ser feito por meio da verificação de cada item apresentado no formulário da pesquisa "Nossa Empresa Trabalha com Qualidade?".

PESQUISA: NOSSA EMPRESA TRABALHA COM QUALIDADE?

Marque com um **X** a nota que você considera mais próxima da realidade da sua empresa.

1. Foco no cliente

Nossa instituição não costuma ouvir os clientes. Os clientes devem se adaptar a nossos procedimentos.	NOTAS: 1 2 3 4 5	Os clientes são a razão de existir de nossa instituição. Buscamos atender plenamente às suas necessidades.

2. Liderança

Em nossa instituição, falta liderança. As pessoas não se sentem engajadas e nem motivadas para atingir os objetivos da organização.	NOTAS: 1 2 3 4 5	Em nossa instituição, as pessoas estão totalmente envolvidas no propósito de atingir os objetivos da organização.

3. Envolvimento das pessoas

As pessoas não são valorizadas pela instituição. Não há preocupação com a satisfação de suas necessidades; não se investe no desenvolvimento e envolvimento das pessoas.	NOTAS: 1 2 3 4 5	Em nossa instituição as pessoas são consideradas seu maior patrimônio. Programas de incentivo, motivação e treinamento são amplamente utilizados.

4. Abordagem de processos

Em nossa instituição, cada setor atua isoladamente dos demais e as relações são baseadas na hierarquia e no controle. Há muito conflito na empresa.	NOTAS: 1 2 3 4 5	Em nossa instituição, cada um de nós busca atender às necessidades daqueles que recebem nossos serviços. Utilizamos métodos para gerenciar processos.

(continua)

(continuação)

5. Abordagem sistêmica para a gestão

Nossa instituição é uma verdadeira colcha de retalhos. Os processos inter-relacionados não são gerenciados corretamente, o que resulta em dispersão de esforços.	NOTAS				As diretrizes da nossa instituição são atualizadas com base numa visão sistêmica. Os processos são interrelacionados, o que contribui para a eficiência e a eficácia da organização.

NOTAS: 1 2 3 4 5

6. Melhoria contínua

Nossa instituição é muito acomodada, pouco exigente e resistente a mudanças.

NOTAS: 1 2 3 4 5

A melhoria de nossos processos e serviços é nosso objetivo permanente.

7. Abordagem factual para a tomada de decisão

As decisões são tomadas, sem nenhum critério. Não são analisados dados e informações. Decisões erradas são constantes.

NOTAS: 1 2 3 4 5

Os problemas são discutidos em equipe e as decisões, tomadas em conjunto com base em dados da realidade e informações relevantes.

8. Benefícios mútuos nas relações com os fornecedores

Nossa relação com nossos fornecedores é, simplesmente, comercial. Procuramos, sempre, *"tirar vantagem"* dessa relação.

NOTAS: 1 2 3 4 5

Nosso relacionamento com nossos fornecedores é do tipo *"ganha-ganha"*. Nossos fornecedores são nossos parceiros.

Faça um círculo em torno do total das notas atribuídas por você.

POUCA aderência aos Princípios da Qualidade	⇐ 08 09 10 11 12 13 14 15 16 17 18 19 20 21 22 23 24 ⇨ 25 26 27 28 29 30 31 32 33 34 35 36 37 38 39 40	MUITA aderência aos Princípios da Qualidade

Para conhecer seu resultado individual, basta somar todas as NOTAS que você marcou e consultar a tabela acima.

Na empresa, todos devem, em dado momento, responder à pesquisa e, a seguir, deve-se fazer a tabulação, conforme instruções abaixo:

Instruções para Tabulação

Princípios	Nota	Total Respostas	Ponderação	Número Questionários	Média Princípio
1 Foco no Cliente	1	3	3 x 1 = 3		
	2	10	10 x 2 = 20		
	3	5	5 x 3 = 15		
	4	2	2 x 4 = 8		
	5	0	0 x 5 = 0	↓	↓

Total ⟶		46	÷ 20	= 2.30

Perfil dos Resultados

Marque com um ponto a média obtida para cada princípio. Veja instrução acima.

Marque com um ponto no gráfico a seguir, conforme exemplo, o resultado obtido em cada princípio, e una os pontos com um traço.

Os resultados mais próximos da graduação 1 são aqueles em que é preciso maior esforço para melhorar.

PRINCÍPIOS	NOTAS/MÉDIAS				
	1	2	3	4	5
1. Foco no cliente (média 2,50)			•		
2. Liderança (média 3,90)				•	
3. Envolvimento das pessoas (média 2,25)			•		
4. Abordagem de processos					
5. Abordagem sistêmica para a gestão					
6. Melhoria contínua					
7. Abordagem factual para a tomada de decisão					
8. Benefícios mútuos nas relações com os fornecedores					

Os resultados mais próximos de 5 significam que estamos perto da situação ideal, mas podemos melhorar.

Com base no resultado da pesquisa, são identificadas as **necessidades de treinamento** relacionadas com os **princípios de gestão da qualidade**.

É bom lembrar que os princípios da gestão da qualidade estão relacionados com as competências que as empresas devem implementar.

Gestão da Qualidade e Gestão Estratégica de Pessoas é, portanto, uma questão de princípios.

Questões sobre o Capítulo

1. O que é eficiência? Exemplifique.
2. O que é eficácia? Exemplifique.
3. Como se define o trabalho eficaz?
4. Qual é a postura de um profissional eficaz?
5. Explique a afirmação: "O que é necessário é a estratégia certa e não uma tática improvisada".
6. Comente a frase: "Não existe coisa mais inútil do que fazer com grande eficiência as coisas que não precisam ser feitas".
7. O que é competência, de acordo com Hamel e Prahalad?
8. Explique a sigla CHA.
9. Dê um exemplo de conhecimento, habilidade e atitude.

10. O que é entrega e qual é a sua relação com o conceito de competência?
11. Complete o quadro abaixo:

	O que é	Exemplo
Saber agir		
Saber mobilizar		
Saber comunicar		
Saber aprender		
Saber comprometer-se		
Saber assumir responsabilidades		
Ter visão estratégica		

12. Como uma organização pode criar vantagem competitiva?
13. Explique as características necessárias para avaliar o valor de uma competência como vantagem competitiva.
14. Qual é a diferença entre competência essencial e competência individual?
15. Como as normas de gestão definem competência?
16. Com suas palavras, explique o gráfico a seguir:

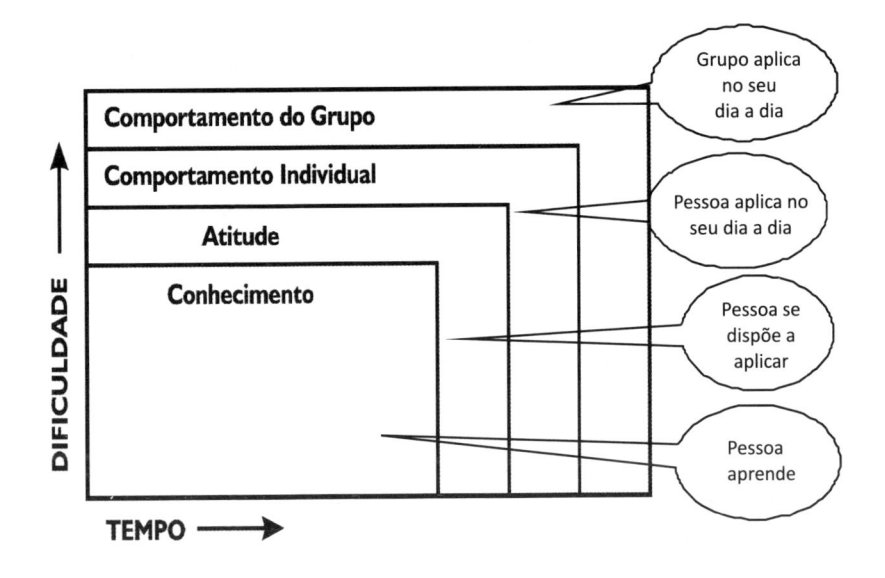

17. O valor compartilhado é a competência que toda organização deve ter. Você concorda com a afirmação? Justifique.
18. Por que a gestão da qualidade é uma questão de princípios?

Construindo um Glossário

Pesquise em dicionários ou livros de administração os termos destacados no texto:
- *Know-how*
- Valor econômico
- Valor social
- *Gaps*
- Ideologias tayloristas
- Metacognição
- Valor compartilhado

Conhecendo Autores

Escolha um autor citado no texto e realize uma pesquisa sobre sua vida, obras e principais ideias.

Pesquisa de Campo

Realize uma entrevista com um gestor de uma organização, verificando o que ele entende por competência e como estas são verificadas no cotidiano da empresa em que atua.

Case

A Fundação Nacional da Qualidade (FNQ) desenvolve um programa para capacitar os interessados que pretendem participar, como consultores/auditores, do Prêmio Nacional da Qualidade (PNQ). Tive a oportunidade de participar de um desses eventos. Após ter minha inscrição confirmada, recebi todo material didático e um pré-teste. Eu e todos os inscritos estudamos bastante para responder ao pré-teste, antes do curso. No final do curso tivemos, também, de responder a um pós-teste. Os participantes que obtiveram os melhores resultados foram os escolhidos para participar do próximo PNQ.

a) Neste *case*, uma boa prática é preparar os futuros participantes de um determinado curso, enviando-lhes, antecipadamente, todo material didático e um pré-teste. Você concorda com essa prática? Por quê?
b) Pesquise sobre a Fundação Nacional da Qualidade e o Prêmio Nacional da Qualidade e indique os motivos que considera fazer parte de seu sucesso.
c) Para a FNQ, quais são as consequências de um programa de capacitação de consultores e auditores eficaz?

Filmes

- *O diabo veste Prada* (competência, eficiência e eficácia)
- *Bagdá Café* (conflito cultural, mudança de hábitos)
- *Gênio indomável* (conhecimentos, habilidades e atitudes)
- *Trucker: um homem e seu sonho* (gestão da qualidade, trabalho em equipe, liderança)
- *O homem que mudou o jogo* (estratégia, mudança, liderança, competência)

Atividade com filmes: Selecione um dos filmes indicados e realize uma análise crítica que contemple os conceitos relacionados a cada um e o conteúdo abordado no capítulo.

Dinâmica

a) Todos a bordo

Objetivo
Desenvolver os conceitos de Planejamento, Organização, Liderança e Administração.

Desenvolvimento
Somos a fábrica de barcos TITA & NIC e estamos nos preparando para a FIENA (Feira Internacional de Equipamentos Náuticos). Precisamos apresentar produtos de qualidade, já que nossa presidência espera auferir lucros com essa exposição.

Formar duas equipes
TITA
NIC
A equipe que apresentar barcos mais bonitos ganhará premiação extra.
Teremos que administrar a fábrica com eficiência e eficácia.
1 – A equipe tem **uma hora** para se organizar e planejar a produção do barco.
2 – A equipe tem **20 minutos** para confeccionar o barco.
3 – A equipe tem **05 minutos** para apresentar o produto.
OBS: **Todos** devem participar e se **comunicar**.

1º Momento: dediquem-se **somente a organização e planejamento**.

Haverá neste *stand* (mesa) o material para a produção dos barcos e poderá ser adquirido assim que o *stand* abrir. Só pode utilizar o material à venda. Haverá alguns cartazes elucidativos, tais como indicadores de qualidade, tabela de preços dos produtos, valor da mão de obra e o preço de venda.

Material:
- 10 folhas de papel de seda
- 5 folhas de papel celofane
- 5 folhas de cartolina
- 20 varetas
- 1 carretel de linha nº 10
- 2 tesouras (mais algumas no almoxarifado)
- lápis, réguas (40 cm), cola (2 tipos)
- modelos de barcos (xerox)
- calculadora

Indicadores de Qualidade:
Os barcos deverão ter, no mínimo, 30 cm de comprimento.
Cada barco deverá ter, no mínimo, duas cores.
Os detalhes, tais como leme, mastro, convés, logotipia, são fundamentais.
Os barcos deverão ter boa aparência estética e boa funcionalidade.
Os barcos deverão ter uma comunicação atraente e convincente.

2º Momento: Compra de material e **abertura do *stand***
Atendente – registrar gastos das equipes.

TABELA DE PREÇOS

MATERIAL	PREÇO (R$)
FOLHA DE SEDA	3,00
TESOURA	20,00
PAPEL COLORIDO	3,00
COLA (BASTÃO)	3,00
COLA (TUBINHO)	1,00
PINCEL	1,00
RÉGUA	10,00
CARTOLINA	5,00
MODELO DE BARCO	0,50
METRO DA FITA	1,00
CARRETEL FITA	15,00
METRO BARBANTE	1,00
VARETA (UNIDADE)	0,50
VARETA (FEIXE COM 20)	6,00
ISOPOR	5,00
GUACHE (CADA COR)	1,00

VALOR DA MÃO DE OBRA DIRETA = 50% sobre os gastos com materiais

PREÇO DE VENDA DE CADA BARCO = R$ 200,00

3º Momento
Cada equipe deve escolher um representante.
O representante de cada equipe será responsável pela execução do planejamento.
Cada equipe executará o planejamento da outra.
Recolher produtos das equipes: Planejamento escrito e barco.

Cada participante deve entregar um relatório da experiência vivenciada, destacando as facilidades e as dificuldades na atividade.

Comentários

- Geralmente as equipes esquecem que são de uma mesma empresa e passam a atuar isoladamente. A aquisição de materiais é praticamente imediata, mesmo que seja anunciada uma hora para planejamento. Algumas vezes um dos grupos se antecipa para adquirir quase todo o material e "deixar o outro na mão". Observar como se processa essa negociação de materiais entre as equipes é importante.
- A avaliação do produto final de cada equipe deve levar em conta os indicadores de qualidade expostos em painel (e que nem todos os grupos percebem), além de estabelecer a relação custo/benefício. Durante todo o tempo da atividade deverá haver um indicativo à disposição com o preço de oferta/venda de cada barco na exposição pretendida, a fim de facilitar a possível visão de custo/benefício da produção.
- Convém analisar ainda: Havia planejamento escrito? Qual foi a estratégia utilizada no momento da troca da equipe/planejamento? Houve algum rodízio/ transferência de pessoas/equipes?
- Retirar com o grupo uma sugestão escrita de como resolver os problemas empresarias vivenciados.

(Baseado na dinâmica "Fábrica de barcos", de Jalowitzki, 2002.)

Para Descontrair... Frases, Humor e Curiosidades

"Torna-se necessário e urgente reinventar a área de RH. Os profissionais dessa área só conseguirão ser coautores das estratégias corporativas quando tiverem domínio dos diferentes negócios da empresa, visão estratégica, mente empreendedora e clara percepção das competências essenciais que fazem essa empresa ter lucro ou prejuízo."
(César Souza)

"A qualidade começa e termina com a educação." (Ishikawa)

"Toda empresa precisa se tornar uma instituição que aprende. Ela também precisa se tornar uma instituição de ensino." (Peter Drucker)

"É preciso que a cultura organizacional valorize os funcionários e os trate como pessoas competentes, sérias e adultas." (M. D. Silva)

"As pessoas não são seu "maior ativo" – são seu único ativo." (Michelle Peluso)

"Uma companhia não decide como tratar os clientes; só pode decidir como tratar seus funcionários. Eles, por sua vez, decidirão como tratar os clientes." (Herb Kelleher)

"O mais valioso entre todos os capitais é aquele investido em seres humanos." (Alfred Marshall)

"A longo prazo, a única fonte sustentável de vantagem competitiva é a capacidade da organização de aprender mais rápido e melhor do que seus concorrentes." (Peter M. Sange)

"As organizações devem funcionar como sistema de aprendizagem..." (Donald A. Dchon)

"O Recursos Humanos, não como departamento, mas como processo, é a base de sustentação e desenvolvimento das organizações modernas." (Sebastião Guimarães)

"Competentes são aqueles que sabem o que fazem (*know what*), sabem como fazer (*know how*) e sabem por que fazem (*know why*)." (Carlos Neves)

"Qual é a finalidade de uma organização? Apoio. Uma organização existe para apoiar as pessoas que servem aos clientes. Fora disso, não há qualquer outro significado, qualquer outra razão." (Olle Stiwenius)

"A habilidade de aprender mais depressa do que seus concorrentes pode ser a única vantagem competitiva." (Arie De Geus)

"As empresas de alta qualidade tratam seus recursos humanos como recurso, não como *commodity*." (Stephen George)

"Nenhum ativo da empresa melhora com a idade como um empregado." (Howard Gitlow & Shelly Gitlow)

"Você poderia tirar de mim as minhas fábricas, queimar os meus prédios, mas se me der o meu pessoal, eu construirei outra vez todos os meus negócios." (Henry Ford)

"As Pessoas são a Empresa. Não podemos tratar a área como se ela fosse um recurso." (Elcio de Lucca)

"Os Recursos Humanos estão, mesmo que aos poucos, se transformando em braço direito dos diretores das grandes organizações." (Dave Ulrich)

"A empresa é um ser vivo, e cada área da organização um órgão vital. E o departamento de Recursos Humanos, por manter motivados e atuantes os colaboradores de todas as áreas, é o coração vivo e pulsante da organização." (Márcia Ferreira Barbosa)

"É preciso dar mais autonomia aos funcionários, oferecer a eles a possibilidade de aquisição de novos conhecimentos, promover atividades sociais no local de trabalho e, para que se sintam mais envolvidos com a companhia, dar voz a cada um." (Richard Reeves)

CAPÍTULO 2

RH Estratégico e Gestão Estratégica de Treinamento

Reflexão Inicial

"Um grupo de cientistas colocou cinco macacos numa jaula. Dentro dela tinha uma escada com um cacho de bananas. Quando um macaco subia a escada para apanhar as bananas, os cientistas lançavam um jato de água fria nos que estavam no chão. Depois de certo tempo, quando um macaco ia subir a escada, os outros batiam nele. Passado mais algum tempo, nenhum macaco subia mais a escada, apesar da tentação das bananas. Então, os cientistas substituíram um dos cinco macacos. A primeira coisa que ele fez foi subir a escada. Os outros rapidamente o retiraram de lá e lhe deram a maior surra. Depois da pancadaria, o novo integrante não mais subia a escada. Um segundo foi substituído, e o mesmo ocorreu. Tem um detalhe: o primeiro substituto participou, com entusiasmo, da surra no novato. Um terceiro foi trocado, e repetiu-se o fato. Quando, finalmente, o último dos veteranos foi substituído, os cientistas ficaram com um grupo de cinco macacos que, mesmo nunca tendo tomado um banho frio, continuavam batendo naquele que tentasse chegar às bananas. Se fosse possível perguntar a algum deles por que batiam em quem tentasse subir a escada, com certeza a resposta seria: "Não sei! As coisas sempre foram assim por aqui.".

(Fonte: Portal Sandata. Acesso em: 20 fev. 2013.)

2. RH ESTRATÉGICO E GESTÃO ESTRATÉGICA DE TREINAMENTO

Atualmente, o termo RH Estratégico vem sendo utilizado pelos profissionais de Recursos Humanos das grandes empresas. Mas, para alguns, o RH Estratégico ainda é um sonho para ser sonhado.

As empresas que estão com a área de RH no nível estratégico valorizam o **capital humano** e obtêm resultados extraordinários, conforme vem sendo amplamente divulgado.

Não há mais dúvidas: o capital humano é o recurso mais importante das organizações.

Mas há, ainda, muita dificuldade a ser vencida para otimizá-lo de forma competente, sendo frequente observar o RH atuando apenas no nível tático e operacional.

Neste capítulo será apresentado o que é RH Estratégico, por que ele é tão valorizado no contexto organizacional atual e quais são os primeiros passos para que a administração de RH se torne estratégica por meio da gestão estratégica do processo de treinamento de pessoal.

Diagnóstico {
- **Treinamento Estratégico** — Foco na implementação da ISO 10 015
- **RH Estratégico** — Foco no capital humano e no desenvolvimento de competências
- **RH Tático** — Foco na estrutura e na formalização de processos
- **RH Operacional** — Foco na produção e na realização de tarefas
} Prognóstico

Qual É a Diferença entre Estratégico, Tático e Operacional?

A utilização dos termos *estratégico*, *tático* e *operacional* é frequente na área de administração e negócios. Cabe entender que esses conceitos estão relacionados aos níveis de gestão, e que o nível estratégico é responsável pela elaboração de estratégias, ou seja, decisões executivas para longo prazo. O nível estratégico é responsável pelo planejamento integrado, coeso e alinhado de uma empresa, seja do ponto de vista institucional, mercadológico ou organizacional. No nível tático, estão os articuladores internos ou as pessoas responsáveis pelo gerenciamento e mediação das estratégias e ações organizacionais em médio prazo. Já no nível operacional, estão os executores de tarefas e ações cotidianas, ou seja, aqueles que concretizam as ideias planejadas estrategicamente e taticamente articuladas.

2.1 A Hora e a Vez do RH Estratégico

O caminho para um RH verdadeiramente estratégico, com assento na diretoria e participação nas decisões, é árduo e é apenas o início. E é importante conhecê-lo. O RH precisa participar das decisões da empresa, desde o planejamento estratégico, para obter, junto com as outras áreas da empresa, a indispensável **vantagem competitiva**.

Hoje o RH precisa ter concentração no *core business*, ter ênfase nos objetivos e resultados da empresa, e gerenciar vários processos relacionados à gestão das pessoas.

Sem foco na estratégia, não há como alinhar a gestão de pessoas com os objetivos organizacionais. E para conseguir foco, precisa delegar. Como nos ensinou Peter Drucker, "o mais importante é identificar o que não fazer". E no caso do RH tradicional, há muitas atividades, principalmente operacionais, que podem ser delegadas, terceirizadas ou simplesmente eliminadas. Tomar essa decisão significa liberar tempo para que os profissionais de Recursos Humanos invistam no seu foco principal.

A NP 4427: 2004 – Sistemas de gestão de recursos humanos (Norma Portuguesa 4427 de 2004, Sistema de gestão de recursos humanos, Requisitos) em sua introdução deixa bem clara essa questão, ao afirmar: "a gestão de recursos humanos deve tratar de atrair, manter e desenvolver as pessoas que desempenham actividades para a organização".

As competências do RH estratégico estão, indiscutivelmente, relacionadas com "pessoas", visando:

- atrair pessoas competentes;
- desenvolver as competências das pessoas;
- manter pessoas competentes.

A princípio, isso parece ser o óbvio. Corresponde ao *What* (o quê), mas, se nos aprofundarmos na análise do *Who, When, Why, Where* e *How* (quem, quando, por que, onde e como), concluímos facilmente que as atividades do RH influem, de modo direto, na melhoria do desempenho de todos os setores da organização, daí sua grande complexidade e importância.

Considerando a importância estratégica do treinamento, a International Standardization Organization – ISO desenvolveu em 1999 a norma ISO 10015: Gestão da Qualidade – Diretrizes para Treinamento. Essa norma foi editada no Brasil em abril de 2001 pela **Associação Brasileira de Normas Técnicas** – ABNT.

De acordo com a ISO 10015, o treinamento deve ser planejado e desenvolvido para atingir, entre outros, os seguintes resultados estratégicos:
- aumentar a produtividade, as vendas, o lucro, o retorno do investimento;
- reduzir custos, desperdícios, acidentes, rotatividade do pessoal; e
- melhorar continuamente a Gestão da Qualidade.

A norma ISO 10015 deixa claro que o treinamento é um investimento e não uma despesa, e que, portanto, deve ser desenvolvido com o objetivo de obter resultados significativos e mensuráveis.

O professor Mário Sérgio Cortella, com muita propriedade, afirma:

> Tecnologia hoje é *commodity*. O que faz a diferença são as pessoas. Por isso, as empresas inteligentes têm investido cada vez mais no treinamento e montado seus estoques de conhecimento, o que traz velocidade e renovação constante aos negócios.

A norma ISO 10015 e as demais normas classificam como mandatório o seguinte:
- os objetivos do treinamento têm de estar de acordo com a estratégia da organização;
- o resultado do treinamento tem de ser avaliado.

A implementação de um RH estratégico pode ser facilitada se for feita com base em um projeto. Um projeto elaborado e gerenciado de acordo com a boa técnica aumenta de forma significativa a probabilidade de sucesso.

Para serem estratégicos, os profissionais de RH precisam desenvolver as competências necessárias para implementar a norma ISO 10015: Gestão da Qualidade – Diretrizes para Treinamento e Outras Boas Práticas de RH.

Investir no treinamento dos profissionais de RH é uma necessidade essencial a ser suprida pelas organizações que desejam implementar as normas de gestão. César Souza faz uma importante advertência aos profissionais de RH, ao afirmar:

> Torna-se necessário e urgente reinventar a área de RH. Os profissionais dessa área só conseguirão ser coautores das estratégias corporativas quando tiverem domínio dos diferentes negócios da empresa, visão estratégica, mente empreendedora e clara percepção das competências essenciais que fazem essa empresa ter lucro ou prejuízo.

Para atender à demanda atual, os profissionais de RH devem desenvolver competências para implementar práticas inovadoras, dando grande ênfase à mensuração de resultados, e, principalmente, para implementar as diretrizes dadas pela norma ISO 10015.

De modo geral, o profissional de RH tem uma boa formação, perfil de empreendedor e de agente de mudança. Conhecendo a ISO 10015 e outras ferramentas relacionadas à Gestão de Pessoas, o profissional de RH estará apto para enfrentar os desafios de uma área estratégica.

2.2 Recursos para Implementar o RH Estratégico

Como os custos com pessoal representam, em muitas organizações, aproximadamente 60% do total dos gastos da empresa, a alta direção está interessada em conhecer o RH estratégico. Os profissionais de RH precisam aproveitar esta oportunidade e elaborar um plano estratégico de recursos humanos (*People Plan*), alinhado com o plano estratégico da organização.

O RH deve planejar suas atividades de treinamento e desenvolvimento de pessoal para dar suporte à estratégia da organização. Somente com o alinhamento do sistema de gerenciamento de recursos humanos com as estratégias corporativas é que o RH poderá efetivamente ser reconhecido como estratégico.

Hoje o RH precisa ter concentração no *core business*; ter ênfase nos objetivos e resultados da empresa; para gerenciar, com competência, os vários processos relacionados com a gestão das pessoas.

O RH precisa participar das decisões da empresa, desde o planejamento estratégico, para que o capital humano possa ser realmente um diferencial e uma vantagem competitiva da organização.

Um dos grandes desafios da área de Recursos Humanos é capacitar os gestores de linha para que atuem como verdadeiros gestores de pessoas.

Como nos ensinou Peter Drucker, estamos na era do conhecimento, e as empresas dependem do *know-how* que as pessoas têm e desenvolvem. O RH, não como departamento, mas como processo, é a base de sustentação e desenvolvimento das organizações modernas.

É preciso avaliar a eficiência e a eficácia do RH. Verificar se o treinamento atende as necessidades da organização, se os procedimentos do treinamento são desenvolvidos de acordo com a boa técnica, e se os resultados especificados são alcançados.

A implementação da norma ISO 10015 resultará em uma grande mudança da cultura da organização. Em alguns momentos, a implementação poderá encontrar resistências, pois forçará as pessoas a saírem da zona de conforto. Mas, ao final, será bastante compensador, em termos de retorno do investimento, da melhoria da competência e da satisfação do pessoal.

Como atividade estratégica, o treinamento dificilmente é desenvolvido de forma isolada. O investimento em treinamento é, geralmente, parte de um investimento maior. Na área de *Marketing*, por exemplo, geralmente é desenvolvido um programa de treinamento para vendedores como parte de uma campanha promocional, visando o aumento das vendas ou o lançamento de um novo produto.

Há programas que envolvem toda a empresa, como é o caso do treinamento para a implementação da Gestão da Qualidade. Para implementar a norma ISO 10015, também é indispensável a realização de *workshops* para orientar todos os envolvidos no processo de treinamento e desenvolvimento. E é bom lembrar que treinamento é uma responsabilidade de todos, conforme será apresentado no capítulo **"Eficácia do Treinamento e Implementação da ISO 10015"**.

A implementação de um departamento de Recursos Humanos estratégico deve ser feita com base em um projeto que deve, como todo projeto, utilizar o treinamento como ferramenta essencial para garantir seu sucesso e o retorno do investimento pretendido.

De acordo com a ISO 10015 (2001, p. 3), **treinamento é o "processo para desenvolver e prover conhecimento, habilidades e comportamentos para atender requisitos" da organização.**

Para serem estratégicos, os profissionais de RH devem desenvolver competências para implementar práticas inovadoras, dando grande ênfase à mensuração de resultados e a outras diretrizes dadas pela norma ISO 10015.

Investir no treinamento dos profissionais de RH é, portanto, uma necessidade essencial a ser suprida pelas organizações, para que possam cumprir o que determinam as normas de gestão.

2.3 O Envolvimento dos Treinandos

Frequentemente, os profissionais de RH/T&D dizem que precisam "laçar" os empregados para que participem dos cursos oferecidos por suas empresas. Usando a expressão "laçar", procuram descrever a dificuldade que têm para convencer os empregados a participar dos programas de treinamento.

Muitas são as desculpas dadas por aqueles que "evitam" participar dos treinamentos. Dizem que não dispõem de tempo, que o serviço está atrasado, que vão perder dinheiro.

Por exemplo, os vendedores de uma grande loja de material para construção (que faliu) disseram que teriam prejuízo se participassem de um treinamento. Alegaram que durante o treinamento deixariam de vender e, consequentemente, perderiam as comissões. Só "concordaram" em participar do treinamento quando a empresa "pagou o prejuízo que teriam".

As causas das ocorrências descritas no exemplo acima são muitas, mas uma delas certamente é a falta de envolvimento correto daqueles que participam dos treinamentos.

2.4 O Primeiro Treinamento a Gente Nunca Esquece

Ainda hoje, lembro-me muito bem do meu primeiro treinamento na empresa onde trabalhei. Era uma multinacional da área farmacêutica, desenvolveu um programa de treinamento bastante abrangente. Além dos temas específicos, objetivando a integração dos novos colaboradores, foram abordados assuntos como: mercado, processos de divulgação e comercialização dos produtos e serviços da empresa. Foi um mês de treinamento, período integral, com a participação de sete profissionais da empresa, como instrutores.

Ao final do treinamento, minha avaliação de reação foi a melhor possível. Fui valorizado e devidamente capacitado para desenvolver minhas atividades profissionais.

E o mais importante: a avaliação de resultados deixou claro para a empresa que o retorno do investimento em treinamento foi bastante compensador.

O primeiro treinamento que as empresas desenvolvem é o chamado Programa de Integração. Nas grandes empresas, esse programa é muito bem estruturado e desenvolvido pelos profissionais de RH. Além de dar as "boas-vindas" aos novos colaboradores, o programa aborda, entre outros, os seguintes temas:

- histórico e estrutura da empresa;
- visão, missão, valores e políticas da organização;
- competências essenciais da empresa;
- princípios de gestão da qualidade;
- direitos e deveres dos empregados.

Quando são poucos ou apenas um recém-contratado, o programa é desenvolvido informalmente, para recepcionar o(s) novo(s) colaborador(es).

O desenvolvimento do Programa de Integração é uma "evidência objetiva" de que a empresa considera seus recursos humanos seu ativo mais valioso.

Ao desenvolver o programa de integração e dar "boas-vindas" aos seus colaboradores recém-contratados, a empresa está, também, dando "boas-vindas" a novos clientes.

Diante do exposto, podemos concluir que o primeiro treinamento é o mais importante para a empresa. E quem dele participa, nunca esquece.

2.5 Gestão Estratégica de Treinamento: Diagnóstico e Prognóstico

Para implementar um processo de melhoria do treinamento, é preciso conhecer a situação atual e definir a situação desejada. É preciso saber onde estamos e aonde pretendemos chegar. É, portanto, necessário fazer um diagnóstico e um prognóstico.

Diagnóstico – Situação atual – Onde estamos.

O primeiro passo para iniciar a implementação de um processo é identificar claramente a situação atual. Faça um diagnóstico com base em observações, e principalmente, por meio de pesquisas junto a seus clientes e fornecedores internos.

"Não mate o mensageiro." Ouça os clientes e fornecedores internos e externos.

Diga-lhes: "Traga-me problemas... boas notícias enfraquecem-me." **Prognóstico** – Situação desejada – Aonde queremos chegar.

Procure definir estrategicamente a situação desejada. O prognóstico é mais do que um simples sonho, é uma visão do que poderá acontecer se for implementado um processo de melhoria. A situação desejada deve ser uma meta, um sonho com um *deadline.*

Veja, a seguir, um modelo de formulário que pode ser utilizado para diagnosticar a situação atual do processo de treinamento da organização.

PROCESSO DE TREINAMENTO DA ORGANIZAÇÃO
DIAGNÓSTICO
Este formulário deverá ser preenchido, num primeiro momento, pelos profissionais de RH/T&D e, em ocasião mais oportuna, por todos os gestores da organização.
Nome: _____
Cargo: _____
Telefone/E-mail: _____
Em cada afirmação, marque com um **X** o nível mais apropriado, conforme a seguinte legenda:
5 = Concordo totalmente **4** = Concordo **3** = Não concordo e nem discordo **2** = Discordo **1** = Discordo totalmente

AFIRMAÇÕES	5	4	3	2	1
1. O RH na nossa organização é estratégico.					
2. Os treinamentos estão relacionados com a estratégia da organização.					
3. A alta administração cobra resultados do investimento em treinamento.					
4. Os gestores cobram resultados dos programas de treinamento.					
5. Os gestores participam da Definição das Necessidades de –Treinamento – DNT					

(continua)

(continuação)

6. Os treinamentos têm eliminado os *"gaps"* de competências.				
7. O relatório de avaliação dos resultados do treinamento é encaminhado aos gestores e demais interessados.				
8. A aprendizagem é medida antes e ao final dos treinamentos.				
9. As mudanças no comportamento são avaliadas pelos superiores dos treinandos.				
10. O resultado do treinamento é avaliado por meio do ROI ou de outros indicadores.				
TOTAL PARCIAL DE PONTOS				
TOTAL GERAL DE PONTOS				

10. 11. 12. 13. 14. 15. 16. 17. 18. 19. 20. 21. 22. 23. 24. 25. 26. 27. 28. 29. 30. 31. 32. 33. 34. 35. 36. 37. 38. 39. 40. 41. 42. 43. 44. 45. 46. 47. 48. 49. 50.

O treinamento ainda não está de acordo com a norma ISO 10 015.	Faça um círculo em torno do número correspondente ao total de pontos	O treinamento, provavelmente, está de acordo com a norma 10015

PROGNÓSTICO

Analisando o resultado do diagnóstico, fica relativamente fácil fazer o prognóstico.

2.6 O Treinamento como Recurso Estratégico

Muitas empresas, principalmente as grandes, estão posicionando a área de Recursos Humanos no nível estratégico, entendendo que ela contribui de forma objetiva para a melhoria contínua da organização. Segundo Jack e Suzy Welch, autores do *best-seller* internacional "*Paixão por vencer*", "o verdadeiro RH aparece nos resultados da empresa" e, para obter efeitos positivos, é preciso gerir todos os processos de recursos humanos de forma estratégica, sobretudo a área de treinamento e desenvolvimento de pessoal.

O treinamento, de acordo com Chiavenato (2004), é "a prática mais específica e comum nas organizações". É o processo educacional, aplicado de maneira sistemática e organizada, pelo qual as pessoas aprendem conhecimentos, habilidades e competências, em função de objetivos definidos. O conteúdo do treinamento pode envolver quatro tipos de mudança de comportamento, conforme o quadro a seguir:

Quadro: Os tipos de mudanças comportamentais por meio do treinamento

CONTEÚDO DO TREINAMENTO	**Transmissão de informação**	**Aumentar o conhecimento das pessoas:** Informações sobre a organização, seus clientes, seus produtos/ serviços, políticas e diretrizes, regras e regulamentos.
	Desenvolvimento de habilidades	**Melhorar as habilidades e destrezas:** Habilitar as pessoas para a execução e operação de tarefas, manejo de equipamentos, máquinas e ferramentas.
	Desenvolvimento de atitudes	**Desenvolver ou modificar comportamentos:** Mudar de atitudes negativas para atitudes favoráveis, conscientização das relações e melhoria da sensibilidade com as pessoas, com os clientes internos e externos.
	Desenvolvimento de conceitos	**Elevar o nível de abstração:** Desenvolver ideias e conceitos para ajudar as pessoas a pensar em termos globais e estratégicos.

Fonte: Chiavenato, 2004, p. 403

Os principais objetivos do treinamento, de acordo com Chiavenato (2004), são:
- preparar as pessoas para a execução imediata das diversas tarefas do cargo;

- proporcionar oportunidades para o contínuo desenvolvimento pessoal, não apenas em seus cargos atuais, mas também em outras funções, mais complexas e elevadas;
- mudar a atitude das pessoas, seja para criar um clima mais satisfatório entre elas ou para aumentar-lhes a motivação;
- torná-las mais receptivas às novas técnicas de gestão.

Segundo Kanter *apud* Chiavenato (2004, p. 421), as organizações do novo milênio precisarão reunir cinco características – os cinco Fs: *fast, focused, flexible, friend e fun* (veloz, focada, flexível, amigável e divertida). As competências básicas para atuar nesse novo ambiente de negócios, segundo Meister (*apud* Chiavenato, 2004, p. 422), são: aprender a aprender, comunicação e colaboração, raciocínio criativo e solução de problemas, conhecimento tecnológico, conhecimento global dos negócios, liderança e autogerenciamento de carreira.

Daí a ênfase na gestão do conhecimento, que procura orientar a empresa inteira para produzir o conhecimento, aproveitá-lo, disseminá-lo, aplicá-lo e lucrar com ele. Os principais desafios para a gestão estratégica de Recursos Humanos são: criar infraestrutura administrativa do conhecimento, construir uma cultura do conhecimento e administrar resultados.

Para desenvolver estrategicamente as atividades de Recursos Humanos e Treinamento e Desenvolvimento, as empresas estão implementando a norma ISO 10015: Diretrizes para Treinamento.

A norma ISO 10015 (2001, p. 2) "enfatiza a contribuição do treinamento para a melhoria contínua e tem como objetivo ajudar as organizações a tornar seu treinamento um investimento mais eficiente e eficaz".

A Figura 1 da página 2 da norma ISO 10015 mostra, de forma clara, a importância estratégica do treinamento:

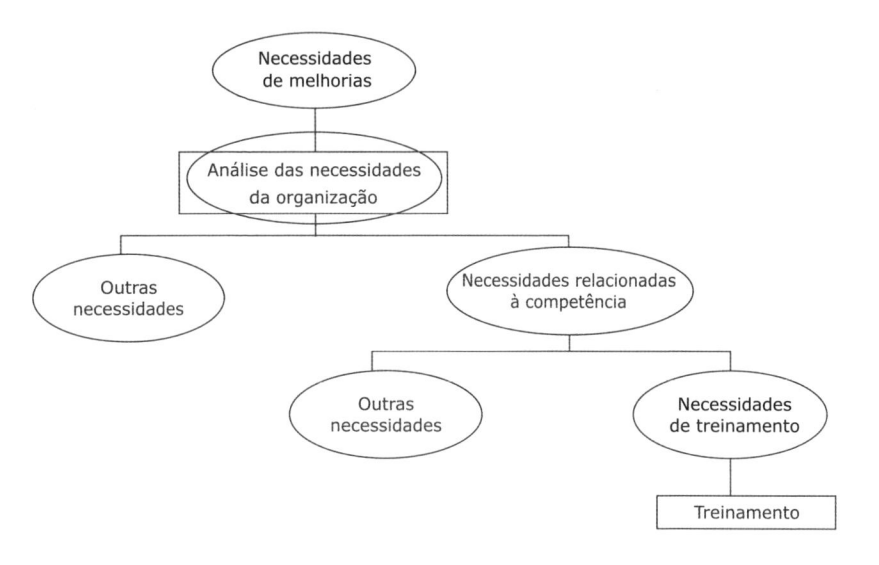

```
        ┌─────────────────┐
        │  Necessidades   │
        │   de melhorias  │
        └─────────────────┘
                 │
    ┌────────────────────────┐
    │ Análise das necessidades│
    │     da organização      │
    └────────────────────────┘
         │              │
    ┌─────────┐   ┌──────────────────────┐
    │ Outras  │   │ Necessidades relacionadas│
    │necessidades│ │     à competência       │
    └─────────┘   └──────────────────────┘
                       │            │
                 ┌─────────┐   ┌──────────────┐
                 │ Outras  │   │ Necessidades │
                 │necessidades│ │ de treinamento│
                 └─────────┘   └──────────────┘
                                      │
                                ┌──────────┐
                                │Treinamento│
                                └──────────┘
```

2.6.1 Necessidades de Melhorias

A alta direção da empresa e os gestores (inclusive o de Recursos Humanos) devem, de tempos em tempos, fazer um levantamento das necessidades de melhorias.

Estrategicamente, é preciso levantar todas as necessidades, e não somente as necessidades de treinamento.

2.6.1.1 Análise das Necessidades da Organização

Uma vez conhecidas as necessidades de melhorias, deve-se analisá-las, para separar as necessidades relacionadas à competência das outras necessidades requeridas pela organização.

Outras Necessidades Organizacionais

As empresas normalmente têm muitas outras necessidades, por exemplo, necessidade de novos equipamentos, de melhorar o sistema de manutenção, de novos investimentos, de novos produtos e muitas outras necessidades de melhoria.

2.6.1.2 Necessidades Relacionadas à Competência

De acordo com a ISO 10015 (2001, p. 4), "é conveniente que a organização defina a competência necessária a cada atividade que afeta a qualidade dos produtos e serviços, avalie a competência do pessoal para realizar a atividade e elabore planos para eliminar quaisquer lacunas que possam existir".

Convém que a análise das lacunas entre a competência existente e a requerida seja feita, para determinar se tais lacunas podem ser supridas pelo treinamento ou se outro tipo de ação pode ser necessário.

Necessidade de Selecionar, Desenvolver e Terceirizar

Existem outras necessidades que, supridas, melhoram a competência dos profissionais e da empresa. Desenvolver programas de treinamento muitas vezes é a pior alternativa. Se a empresa melhorar o processo de seleção e contratar pessoal mais competente, certamente poderá deixar de desenvolver um ou vários programas de treinamento. Melhorar o plano de carreira, o plano de remuneração, a estrutura ou a estratégia podem ser ações mais eficazes do que o treinamento, para desenvolver ou reter pessoal competente. Outra solução é a terceirização (*outsourcing*), desde que se entenda a terceirização como a contratação de profissional altamente qualificado para desenvolver determinada atividade.

2.6.1.3 Necessidades de Treinamento

Feitas as análises anteriores, e se a conclusão for favorável à realização do treinamento como recurso para melhorar a competência, deve-se programá-lo. E para programá-lo é preciso, antes, identificar com muita clareza os *gaps*, ou seja, as lacunas de competências que deverão ser solucionadas.

Questões sobre o Capítulo

1. Explique a diferença entre abordagem estratégica, tática e operacional.

2. O que é e para que serve um diagnóstico?
3. O que é e para que serve um prognóstico?
4. Quais são os princípios e características do RH estratégico?
5. Por que o treinamento, atualmente, é considerado um recurso estratégico?
6. O primeiro treinamento é o mais importante para a organização que o oferece e para o funcionário que participa. Você concorda com essa afirmação? Justifique.
7. Quais são os tipos de necessidades que uma organização apresenta?
8. O treinamento é sempre a melhor alternativa para a organização desenvolver competências. Você concorda com essa afirmação? Justifique sua resposta.

Construindo um Glossário

Pesquise em dicionários ou livros de administração os termos destacados no texto:
- Capital humano
- *Deadline*
- Vantagem competitiva
- *Core business*
- *Outsourcing*
- *Workshop*
- *Commodity*

Conhecendo Autores

Escolha um autor citado no texto e realize uma pesquisa sobre sua vida, obras e principais ideias.

Pesquisa de Campo

Escolha uma organização real e faça um levantamento das necessidades de melhorias existentes, indicando possíveis alternativas relacionadas à gestão de pessoas. Esse levantamento pode ser realizado com base em entrevistas com gestores ou aplicação de questionários com funcionários das diversas áreas da empresa pesquisada.

Case

O Senac-SP, por meio do Programa de Desenvolvimento Empresarial (Prodemp), desenvolveu um programa de treinamento cujo objetivo era a implementação de uma ferramenta denominada genericamente de Método de Resolução de Problema (MRP). A ferramenta é muito semelhante ao que hoje em dia é conhecido como **SWOT** ou **FOFA**.

O método consistia basicamente em coordenar grupos de trabalho de uma mesma empresa para identificar e solucionar problemas de diversas áreas. Em sala de aula, os grupos faziam um levantamento dos problemas e das oportunidades, e em seguida elaboravam um plano de ação para resolvê-los e aproveitá-los. O plano de cada grupo era apresentado ao grupo maior, que contribuía com críticas e sugestões. Após 45 dias, os participantes se reuniam novamente para relatar os resultados obtidos. Como era o esperado, todos os grupos apresentavam seus resultados que, normalmente, eram bastante significativos. Mas, houve o caso de um grupo que iniciou a apresentação dizendo que o planejado em sala de aula não dera certo.

Ao ouvir tal afirmação, os coordenadores do programa ficaram paralisados, sem saber o que dizer. Então, para surpresa de todos, o grupo completou o que dizia, explicando que o planejado realmente não dera certo, mas que, em tempo hábil, elaboraram um novo plano, que superou todas as expectativas.

Quando os treinandos são corretamente envolvidos, as falhas, que podem ocorrer num determinado treinamento, são facilmente eliminadas ou contornadas.

a) O método de resolução de problemas comparado com a SWOT ou FOFA consiste numa ferramenta de gestão. Pesquise sobre essas ferramentas, indicando seus benefícios para uma organização detectar suas necessidades.

b) Qual é a relevância do envolvimento dos treinandos para o sucesso de um treinamento?

c) Quais são as lições de administração de pessoal possíveis de identificar no *case*?
d) Como você se posiciona em relação à questão da ousadia e coragem para mudar e na questão da confiança no que está funcionando?

Filmes

- *Como enlouquecer o seu chefe* (motivação e desenvolvimento de pessoal)
- *Quero matar o meu chefe* (comportamento e conflitos organizacionais)
- *Como treinar o seu dragão* (treinamento, escolhas e mudança)
- *Náufrago* (treinamento, adaptação e motivação)
- *Intocáveis* (seleção de pessoal, treinamento e aprendizagem)

Atividade com filmes: Selecione um dos filmes indicados e realize uma análise crítica que contemple os conceitos relacionados a cada um e o conteúdo abordado no capítulo.

Dinâmica

a) Quem sou eu? Quem somos nós? O que precisamos aprender?

O autoconhecimento e a identificação de valores, princípios, ideais e objetivos dentro de um grupo colaboram para maior alinhamento e produtividade da organização porque contribuem para identificar as potencialidades e fragilidades individuais e organizacionais com mais eficiência e eficácia. Dessa forma, essa dinâmica tem como objetivo vivenciar, de maneira lúdica, uma atividade de autoconhecimento e de conhecimento do grupo, possibilitando que os participantes pensem e sugiram as fragilidades e potencialidades do grupo e indiquem as necessidades de treinamento individuais e para o grupo.

Momento 1: Autorretrato desenhado
Desenhe o contorno de uma figura humana de frente, da cabeça aos pés. Coloque o desenho na sua frente e com alguns detalhes procure identificá-lo com você, dando-lhe

algumas de suas próprias características (cabelo, traços do rosto, tipo de roupa etc.)
Siga as instruções:
1 – saindo da cabeça do desenho, faça três balões (semelhante às histórias em quadrinhos), contendo em cada um deles um pensamento, uma frase, um sonho ou alguma coisa em que você acredita e que ninguém irá modificar;
2 – saindo da boca, faça um balão à esquerda com uma frase que você já disse e da qual se arrependeu, e outra frase à direita que precisa ser dita e você ainda não disse;
3 – saindo do coração, faça uma seta indicando três paixões que não irão se extinguir. O objeto da paixão pode ser uma pessoa, uma ideia, uma atividade, um grupo, um clube, um animal, um objeto;
4 – escreva na mão direita um sentimento, uma habilidade que você pode oferecer;
5 – escreva na mão esquerda algo de que você tem necessidade ou que gostaria de receber;
6 – no pé esquerdo escreva uma meta que você deseja alcançar;
7 – no pé direito, escreva os passos que você precisa dar para alcançar essa meta.

Momento 2: Identidade do grupo
Cada integrante responde às seguintes perguntas em uma folha de papel, individualmente:
1 – Se eu pudesse ser vitorioso em alguma profissão ou esporte, qual escolheria?
2 – Se eu pudesse mandar o meu chefe (ou professor) para algum lugar, para onde seria? A) SPA B) Curso de Atualizações C) Viagem no Caribe
3 – Se eu pudesse ser um instrumento, qual seria?
4 – Se eu pudesse vencer um desafio atual, qual seria?
5 – Se eu pudesse curar uma doença, qual seria?
6 – Qual a expectativa em relação ao meu trabalho / estudo?
7– O que eu quero ou preciso resolver?
8 – Se eu pudesse eliminar um preconceito da face da Terra, qual seria?

Momento 3: Apresentação e discussão em grupo

Cada um vai apresentar seu retrato e identificar suas necessidades de aprendizagem, respondendo à seguinte questão: O que gostaria e precisaria aprender? Por quê?

Cada um vai conferir com os outros a quantidade de respostas iguais na atividade do Momento 2, "Identidade do grupo", e identificar quais as necessidades do grupo em relação à aquisição de novos conhecimentos, desenvolvimento de habilidades e modificação de comportamento, justificando a resposta.

Para Descontrair... Frases e Humor

"Ninguém consegue sabotar um programa de qualidade mais depressa do que um líder que não se engaja." (George Kent)

"O maior benefício do treinamento não vem de se aprender algo novo, mas de se fazer melhor aquilo que já fazemos bem." (Peter Drucker)

"Um gerente só é de fato um gerente quando é responsável pelo *output* de seus liderados." (Elliott Jaques)

"Gerentes e outros profissionais têm necessidades de apoio a fim de aprender mais concretamente a partir de diversas experiências – e isso significa ajudá-los a aprender como aprender." (Alan Mumford)

"A qualidade começa pela educação e acaba na educação. Uma empresa que progride em qualidade é uma empresa que aprende a aprender." (Kaoru Ishikava)

"As pessoas aprendem quando ensinam." (Sêneca)

"Quem sabe aprender sabe o suficiente." (Henry Adams)

"Não há ponto de saturação em educação." (Thomas Watson)

"A história humana torna-se, cada vez mais, uma corrida entre educação e catástrofe." (H. G. Wells)

"O aprendizado rápido é a melhor habilidade de sobrevivência que podemos desenvolver em nossas organizações." (Brian L. Joiner)

"A aprendizagem é o passaporte para o melhoramento contínuo em qualidade e produtividade – uma arma estratégica que nenhuma empresa pode se dar ao luxo de dispensar." (Brian L. Joiner)

"A maior dificuldade do mundo não é fazer com que as pessoas aceitem novas ideias, mas sim fazê-las esquecer as velhas." (John Maynard Keynes)

"Aprenda a desaprender." (Sêneca)

"O bom humor e a presença de espírito vêm ganhando espaço no mundo dos negócios." (Ricardo Gonçalves)

"Profissionais que demonstram o bom humor, mesmo em momentos mais críticos, tendem a ser bem-sucedidos." (Giorgio Della Seta)

"Em nossas contratações, procuramos identificar profissionais de alto astral, maduros e responsáveis." (Francisco Amaury Olsen)

"Contrate e promova primeiro com base na integridade; segundo, na motivação; terceiro, na capacidade; quarto, na compreensão; quinto no conhecimento; e, por último, como fator menos importante, na experiência. Sem integridade, a motivação é perigosa; sem motivação, a capacidade é impotente; sem capacidade, a compreensão é limitada; sem compreensão, o conhecimento é insignificante; sem conhecimento, a experiência é cega. Uma pessoa com todas as outras qualidades adquire facilmente e coloca rapidamente em prática a experiência." (Dee Hock)

CAPÍTULO 3

Treinamento Estratégico e a ISO 10015

Reflexão Inicial

"Já pensou por que os grandes projetos costumam esbarrar em problemas imprevistos, atrasos e dores de cabeça? Aqui vai uma explicação: Suponhamos que você tenha uma receita de torta de morango para quatro porções. Uma vez convida sete amigos para degustar a especialidade. Para isso, terá que dobrar a receita. Outra vez, convida uma pessoa só. Basta-lhe cortar a receita pela metade. Mas vamos supor que convide 25 mil amigos dos mais chegados para experimentar a torta. Agora, sua receita não prevê a parte mais difícil: comprar os morangos no atacado, garantir o fornecimento do creme de leite, alugar formas, tigelas, colheres, mesas e cadeiras aos montes e ainda coordenar o fluxo desses objetos. O mesmo acontece com os grandes projetos. Aparecem milhares de coisas para resolver – coisas que sequer haviam sido pensadas nos planos originais."

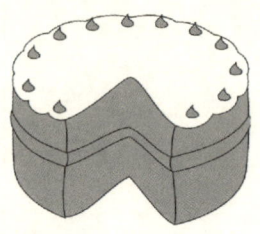

(Jack Grimes – Filósofo)

3. TREINAMENTO ESTRATÉGICO E A ISO 10015

A ISO 10015 é, antes de tudo, uma norma de gestão da qualidade. Suas diretrizes contribuem, de forma significativa, para a melhoria da gestão da empresa e, principalmente, para a melhoria da gestão de pessoas.

A grande vantagem de implementar uma norma é o fato de ela ser uma "lei menor". A partir do momento que se "decide" implementar a norma ISO 10015, todos os gestores e funcionários da empresa passam a vê-la como uma "lei", mesmo que seja "lei menor", que deve ser implementada em benefício de toda a organização.

Neste capítulo será enfatizada a relevância da gestão estratégica do treinamento baseada na ISO 10015. Assim, serão apresentadas as diretrizes de treinamento e as quatro etapas para sua implementação, que são:

1. definição das necessidades de treinamento;
2. projeto e planejamento do treinamento;
3. execução do treinamento; e
4. avaliação do treinamento, lembrando que todas as etapas devem ser monitoradas pela gestão de forma contínua.

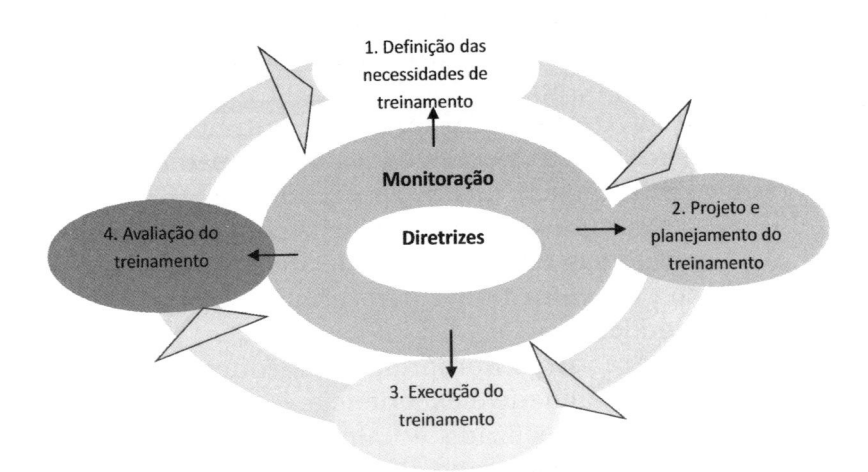

Figura: Etapas para implementação do treinamento
Fonte: ISO 10015, 2001, p. 3 (adaptado)

3.1 Diretrizes para o Treinamento

Clauss Möller, consultor dinamarquês, recomenda que "coloque seus funcionários em primeiro lugar e eles farão o mesmo com os clientes". Nesse sentido, a norma NBR ISO 10015, ao ter como escopo a qualificação e o aperfeiçoamento dos funcionários da empresa, faz exatamente o que aconselha Clauss Möller: coloca os funcionários em primeiro lugar.

Atualmente não basta treinar, o treinamento precisa ser, conforme a nova norma ISO 10015, "orientado para satisfazer as necessidades da organização" (2001, p. 4).

O primordial é fazer com que o treinamento dê resultados, como: reduzir custos, acidentes, rotatividade de pessoal; aumentar vendas, produtividade, lucro, retorno do investimento, melhorar a qualidade de desempenho, entre outros.

Na edição da norma ISO 9001 (1994), a referência sobre o treinamento não era muito precisa. Para a empresa ser certificada eram suficientes as evidências objetivas referentes à "realização do treinamento". Mas não havia uma "cobrança" de resultados. Agora, a nova norma NBR ISO 9001 (2008) "cobra resultados e enfatiza a importância do treinamento" e dos profissionais de Recursos Humanos.

Textualmente, esta norma (ISO 9001, 2008, p. 6) diz que as organizações devem:

a) determinar as competências necessárias para o pessoal que executa trabalhos que afetam a qualidade do produto;
b) fornecer treinamento ou tomar outras ações para satisfazer essas necessidades de competências;
c) avaliar a eficácia das ações executadas;
d) assegurar que o seu pessoal está consciente quanto à pertinência e importância de suas atividades e de como elas contribuem para atingir os objetivos da qualidade; e
e) manter registros apropriados de educação, treinamento, habilidade e experiência.

O treinamento realizado atualmente pelas empresas bem-sucedidas é considerado o melhor investimento e tem como objetivo o desenvolvimento das competências essenciais.

O que caracteriza a competência é a integração e a coordenação de um conjunto de habilidades, conhecimentos e atitudes que, na sua manifestação, produzem uma atuação diferenciada. Elas não se restringem a uma área específica da empresa, estão difundidas de forma ampla em toda a organização.

Para garantir que os programas de treinamento sejam realmente voltados para o desenvolvimento das competências requeridas pelas empresas, a norma ISO 10015 pode ser aplicada, sempre que uma orientação for necessária para interpretar referências a "educação" e "treinamento" nas normas das famílias NBR ISO 9000 e 14000 e em outras normas.

A norma ISO 10015 vem sendo implementada pelas empresas já certificadas, por aquelas que pretendem ser certificadas e principalmente por aquelas que estão implementando a "Gestão por Competências" e o "RH Estratégico".

3.2 Treinamento

Os programas de treinamento devem ser desenvolvidos de acordo com os estágios do "Ciclo do treinamento", apresentado na figura a seguir:

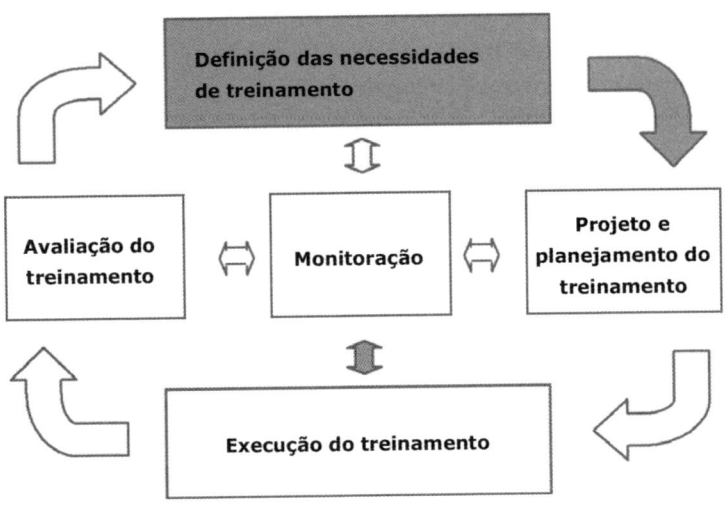

Figura: Ciclo do treinamento da norma ISO 10015
Fonte: ISO 10015, 2001, p. 3

A primeira etapa do "Ciclo do treinamento" é a Definição das Necessidades de Treinamento (DNT) que, de acordo com a norma ISO 10015, têm como objetivo "assegurar que o treinamento requerido seja orientado para satisfazer as necessidades da organização" (ISO 10015, p. 4).

3.2.1 Definição das Necessidades de Treinamento

A DNT é um processo complexo constituído por seis etapas, mas que pode ser facilmente implementado com o auxílio de bons *softwares*, já disponíveis no mercado.

Veja, a seguir, as seis etapas da DNT:

4.2.2 Definição das necessidades da organização	4.2.3 Definição e análise dos requisitos de competências	4.2.4 Análise crítica das competências	4.2.5 Definição das lacunas de competências	4.2.6 Identificação das soluções para eliminar as lacunas de competências	4.2.7 Definição da especificação das necessidades de treinamento

Figura: Etapas da DNT

1ª Etapa – Definição das Necessidades da Organização

O treinamento deve ser orientado para atingir resultados estratégicos: aumentar o lucro, a satisfação dos clientes, a produção, as vendas; reduzir os custos, os acidentes e a rotatividade de pessoal; melhorar a qualidade e implementar outras melhorias para assegurar a sobrevivência e o desenvolvimento da organização.

Para a definição das necessidades da organização, é recomendável considerar, entre outros insumos, a política da organização, sua visão, missão e valores.

Nessa etapa deve-se fazer um diagnóstico, para definir as necessidades de treinamento em termos de competências.

Inicialmente, deve-se considerar as competências essenciais. Competências essenciais ou "*core competence*" são aquelas que estão relacionadas com o que, de melhor, a empresa faz ou deveria fazer.

O americano Hamel e o indiano Prahalad (1997, p. 231) deixam bem claros os aspectos práticos do processo de definição das competências essenciais, ao afirmarem o seguinte:

Em termos práticos, se, durante o processo de definição das competências específicas de uma empresa ou unidade de negócios de médio porte, uma equipe de gerentes identifica quarenta, cinquenta ou mais "competências", provavelmente está descrevendo habilidades e tecnologias, e não as competências essenciais. Por outro lado, se listar apenas uma ou duas competências, provavelmente está usando um nível de agregação demasiadamente amplo para gerar *insights* significativos. Normalmente o nível de agregação mais útil resulta em cinco a quinze competências essenciais.

2ª Etapa – Definição e Análise dos Requisitos de Competências

A norma ISO 10015, no item 4.2.3, dá a seguinte diretriz:

> A definição das demandas futuras da organização, relacionadas às suas metas estratégicas e objetivos da qualidade, incluindo a competência requerida de seu pessoal, podem se originar de fontes internas e externas de natureza distintas (ISO 10015: 2001, p. 4).

Algumas fontes internas e externas sugeridas para definir e analisar os requisitos de competências pela ISO 10015 (2001, p. 4) são:
- Natureza dos produtos fornecidos pela organização.
- Registros dos processos de treinamento passados e presentes.
- Avaliação por parte da organização da competência do seu pessoal na realização de tarefas específicas.
- Rotatividade de pessoal ou flutuações sazonais de pessoal temporário.

- Certificação interna e externa necessária para a realização de tarefas específicas.
- Solicitações dos empregados que identifiquem oportunidades de desenvolvimento pessoal que contribuam para os objetivos da organização.
- Resultado de análise dos processos e ações corretivas decorrentes de reclamações de clientes ou registros de não conformidades.
- Legislação, regulamentos, normas e diretrizes que afetam a organização, suas atividades e recursos.
- Pesquisa de mercado que identifique novos requisitos de clientes.

3ª Etapa – Análise Crítica das Competências

A análise crítica deve ser feita com base nos requisitos das tarefas e no desempenho profissional daqueles que desenvolvem essas tarefas.

Um problema relacionado por Mellander (2005, p. 235) é que "o treinamento frequentemente tende a ser mais 'orientado aos sintomas' do que 'orientado às causas' (os grifos são do autor). É necessário proceder a uma análise criativa das relações de causa e efeito para [...] evitar ensinar coisas erradas, da forma errada".

De acordo com o item 4.2.4 da norma ISO 10015 (2001, p. 4), os métodos usados para essa análise crítica devem incluir o seguinte:

- **Entrevista:** A entrevista permite o levantamento de informações e dados bem próximos da realidade. Possibilita, também, a obtenção de informações mais complexas sem exigir que o respondente tenha que escrever.

  Tipos de Entrevistas

  Schaan (2001, p. 40) descreve os dois tipos de entrevista de acordo com os procedimentos do entrevistador, no que se refere à forma de conduzi-la:
  - Diretiva é a entrevista dirigida pelo entrevistador, baseada num roteiro ou questionário, visando obter dados objetivos, relacionados a fatos ou temas específicos.

- Não diretiva é a entrevista que não obedece a um roteiro rígido. Ao entrevistador cabe apenas orientar discretamente o rumo da conversa, lançando temas ou perguntas amplas como estímulo. É recomendada na sondagem de aspectos subjetivos do comportamento, como opiniões, atitudes, sentimentos.
- **Questionários dirigidos a empregados, supervisores e gerentes:** O uso de questionários é um procedimento rápido e de fácil tabulação. As perguntas devem ser curtas e objetivas.

  Benefícios dos Questionários
  É o procedimento que garante maior confiabilidade às informações obtidas. A observação, como método de análise crítica, somente deve ser utilizada por observador bastante familiarizado com os procedimentos a serem analisados.
- **Discussões em grupo:** É um procedimento que vem sendo bastante utilizado. Permite a obtenção de dados em profundidade, num curto espaço de tempo.
- **Pareceres de especialistas no assunto:** São sempre valiosos, desde que o especialista esteja, realmente, a par de todo o processo de DNT. Para obter maior eficiência e eficácia, nesta etapa, convém mesclar o emprego dos métodos anteriormente mencionados.

4ª Etapa – Definição das Lacunas de Competências

Nesta etapa, de acordo com o item 4.2.5 da norma ISO 10015 (2001, p. 5), devem-se definir os *gaps* ou "as lacunas de competências". Para definir as lacunas, convém comparar as competências existentes com as competências requeridas.

Um recurso bastante eficaz para definir, com precisão, os *gaps* é a graduação das competências.

Veja, a seguir, um modelo de graduação referente a uma competência individual.

Competência Individual
Liderança de pessoas: Capacidade de motivar, desenvolver e conduzir pessoas para o alcance de objetivos e metas relevantes.
Graduação da competência Liderança de pessoas
Nível 1 – Não demonstra esta competência. O trabalhador não possui esta competência, embora ela seja necessária para desenvolver suas atividades junto ao seu grupo de trabalho.
Nível 2 – Acompanha e orienta. Com relativa competência, acompanha e orienta seu grupo de trabalho, avaliando os resultados alcançados.
Nível 3 – Lidera seu grupo de trabalho. Desenvolve um processo de liderança, que possibilita uma contribuição efetiva de sua equipe.
Nível 4 – Estimula a equipe. Identifica oportunidades de crescimento das pessoas e as apoia na elaboração e implementação de planos de melhoria pessoal.
Nível 5 – Desenvolve a equipe. Tem um estilo de liderança participativo, incentivando a iniciativa e a autonomia de seu grupo de trabalho. Prepara e treina pessoas para assumirem novas responsabilidades e propicia as condições e ferramentas necessárias.

5ª Etapa – Identificação das Soluções para Eliminar as Lacunas de Competência

No item 4.2.6, a norma ISO 10015 dá a seguinte diretriz:

> As soluções propostas para eliminar as lacunas de competência podem ser os treinamentos ou outras ações da organização, como a reformulação dos processos, recrutamento de pessoal treinado, terceirização, melhoria de outros recursos, redução da rotatividade e modificação dos procedimentos de trabalho (ISO 10015, 2001, p. 5).

É bom deixar bem claro que existem muitas outras soluções para eliminar as lacunas de competência. O treinamento é apenas uma delas. Desenvolver programas de treinamento muitas vezes é a pior alternativa. Na área de RH da GE, para alertar seus profissionais, há uma grande faixa com o texto: **"NÃO TREINAR, SE POSSÍVEL"**.

6ª Etapa – Definição da Especificação das Necessidades de Treinamento

A norma ISO 10015, no item 4.2.7, dá a seguinte diretriz:

> Os insumos para a especificação das necessidades de treinamento devem ser extraídos do documento que contém a lista dos requisitos de competência, encontrados em 4.2.3, dos resultados de treinamentos anteriores, das lacunas atuais de competência e das solicitações de ações corretivas (ISO 1005, 2001, p. 5).

Recomenda-se que a especificação das necessidades de treinamento inclua os objetivos e resultados esperados do treinamento.

Portanto, o grande segredo da DNT está em especificar com precisão e clareza o objetivo e o resultado esperados do treinamento.

Veja, a seguir, um modelo básico de formulário, que pode ser adaptado pela empresa que pretende definir as necessidades de treinamento.

Formulários para Definição das Necessidades de Treinamento

Inicialmente queremos deixar bem claro que a forma mais correta para Definir as Necessidades de Treinamento **não** é por meio de simples formulários. O mais correto é por meio de entrevista ou de outros processos participativos.

Os antigos formulários de LNT devem ser substituídos por formulários de **DNT** baseados no item 4.2 da norma ISO 10015.

Apresentamos, abaixo, um modelo básico que deverá ser adaptado pela empresa que pretende Definir as Necessidades de Treinamento. Em seguida, reproduzimos a Tabela A.1 do Anexo A da norma NBR ISO 10015: 2001.

ETAPAS DA DEFINIÇÃO DAS NECESSIDADES DE TREINAMENTO

1. Definição das necessidades da organização	Quais são as competências essenciais da organização? Quais são as competências de cada área da organização?
2. Definição e análise dos requisitos de competência	Que competências o pessoal da organização tem atualmente?
3. Análise critica das competências	As competências atuais são suficientes para que os processos sejam desenvolvidos corretamente?
4. Definição das lacunas de competências	Quais são os *gaps* que se pretende eliminar?
5. Identificação de soluções para eliminar as lacunas de competência	Quais são as soluções mais recomendáveis para eliminar as lacunas de competência? Será treinamento ou outra ação?
6. Definição da especificação das necessidades de treinamento	Quais são os objetivos e resultados esperados do treinamento ou de outras ações?

Tabela A.1 – Definição das Necessidades de Treinamento (4.2)

Insumos	Processo	Resultados	Registro
Definição das necessidades da organização (4.2.2)			
Política da qualidade Política do treinamento Requisitos da gestão da qualidade Gestão dos recursos Projeto do processo	Considerar todos os insumos quando iniciar o treinamento	Decisão para iniciar o processo de treinamento	Decisão para iniciar o processo de treinamento
Definição e análise dos requisitos de competência (4.2.3)			

(continua)

(continuação)

Mudança organizacional ou tecnológica que afete os processos de trabalho ou cause impacto na natureza dos produtos fornecidos pela organização Registros de dados referentes aos processos de treinamento passados e presentes Avaliação da competência do pessoal da organização para realizar as tarefas especificadas Registros de rotatividade ou flutuação sazonal de pessoal temporário Certificação interna ou externa necessária ao desempenho das tarefas especificadas Solicitações por parte dos empregados, identificando oportunidades de desenvolvimento pessoal que possam contribuir para os objetivos da organização Resultado de análise dos processos e ações corretivas decorrentes de reclamações de clientes ou registros de não conformidade Legislação, regulamentos, normas e diretrizes que afetem a organização, suas atividades e recursos Pesquisa de mercado para identificação ou antecipação de novos requisitos de clientes	Documentar os requisitos de competência	Requisitos de competência	Lista de requisitos de competência
Análise crítica das competências (4.2.4)			
Registro das competências Dados sobre requisitos de desempenho na execução das tarefas, obtidos por meio de: – entrevista/questionários dirigidos a empregados, supervisores e gerentes – observações – discussões em grupo – pareceres de especialistas	Analisar as competências existentes	Identificação das competências existentes	Lista das competências existentes
Definição das lacunas de competência (4.2.5)			
Listas das competências requeridas e das competências existentes	Definir as lacunas de competência	Conhecimento das lacunas de competência	Lista das lacunas de competências
Identificação de soluções para eliminar as lacunas de competência (4.2.6)			
Lista de lacunas de competência	Identificar e selecionar o treinamento como solução	Treinamento selecionado como solução	Treinamento selecionado como solução
Definição da especificação das necessidades de treinamento (4.2.7)			

(continua)

(continuação)

Lista dos requisitos de competência Lista das lacunas de competência Resultados de treinamentos anteriores Solicitações de ações corretivas	Documentar os objetivos e os resultados esperados do treinamento	Especificação das necessidades de treinamento	Documento com a especificação das necessidades de treinamento

Formulário para Solicitação de Treinamento

Dados do Solicitante

Profissional ou equipe a ser treinada	
Competência(s) a ser(em) desenvolvida(s)	
INDICADORES Evidências objetivas dos resultados esperados	1. 2. 3.

PREENCHIMENTO **OBRIGATÓRIO**. É preciso mencionar *Indicadores – Evidências Objetivas* – que comprovem se o treinamento dará resultado ou não

TREINAMENTO SUGERIDO
Título:

Anexar programa e outras informações, se julgar oportunas.	Anexo 1 Anexo 2 Anexo 3

Não desenvolva o treinamento, se não for identificado pelo menos um indicador para medir o resultado.

3.2.2 Projeto e Planejamento do Treinamento

O projeto e planejamento do treinamento é um processo de quatro etapas:

1ª Etapa – Definição das Restrições

Muitas vezes, a necessidade de um determinado treinamento é evidente, mas as possibilidades de sua implementação correta são postas em dúvida por causa de algumas restrições. É, portanto, de suma importância listar e analisar os possíveis motivos que possam impedir ou dificultar a realização de um treinamento.

A norma ISO 10015, sobre as restrições, textualmente diz o seguinte:

> Recomenda-se que a lista de restrições seja usada para a seleção dos métodos de treinamento e do fornecedor do treinamento, bem como para a elaboração da especificação do programa de treinamento (ISO 10015, 2001, p. 5).

2ª Etapa – Métodos de Treinamento e Critérios para Seleção

A escolha do método de treinamento a ser utilizado é de fundamental importância.

Para selecionar os melhores métodos, convém identificar aqueles que satisfaçam as necessidades de treinamento identificadas. Como critério de seleção, também, é conveniente considerar os recursos disponíveis, as restrições ou limitações e os objetivos dos programas que se pretende desenvolver.

Além dos métodos tradicionais, como cursos, seminários e estágios, temos de considerar a possibilidade de utilização de novas metodologias, como a Educação à Distância (EAD).

EAD e ISO 10015

O italiano Tomás de Aquino, um dos maiores filósofos da Idade Média, surpreendeu o mundo ocidental ao afirmar que o principal agente da educação não deveria ser o professor, e sim o aluno. Aquino defendia um modelo em que as pessoas seriam capazes de conduzir, por si só, o processo de aprendizagem.

Graças à **Educação a Distância** – EAD, as empresas estão aproveitando a oportunidade de, finalmente, colocar o aprendizado nas mãos de seus empregados.

Para um grande número de profissionais, o conhecimento está apenas a um toque (no teclado) de distância, uma vez que a EAD chega diretamente às estações de trabalho, via internet.

A EAD permite adequar o aprendizado ao ritmo, à disponibilidade de tempo e às características de cada profissional. Para as empresas, a EAD está sendo vista também com um instrumento de retenção de talentos. O leque de ofertas aumenta, não impondo restrições ao potencial de crescimento dos profissionais exponenciais. Do ponto de vista dos executivos, as vantagens incluem desde a oportunidade de acesso às mais conceituais fontes de conhecimento do mundo até a possibilidade de, eventualmente, recuperar o tempo perdido.

A EAD é um novo processo que o profissional de treinamento precisar entender para obter sucesso com sua utilização. Com a adoção da EAD, as empresas precisarão repensar seus sistemas de avaliação e de medição dos resultados de seus programas de treinamento.

A tecnologia utilizada na EAD, como, o *Learning Management System* (LMS), os Sistemas de Gerenciamento para Ensino a Distância (SGEADS), ou o *Instructional Management System* (IMS), permite melhor controle e avaliação da aprendizagem.

Diante do exposto, e de acordo com o item 4.3.3 – Métodos de treinamento e critérios para seleção, da norma ISO 10015 (2001, p. 5), podemos concluir que a EAD deve ser considerada como um dos "métodos potenciais de treinamento que possam satisfazer as necessidades de treinamento".

Agora, com a EAD, o profissional pode ir atrás das informações, buscar conhecimento, ampliar os horizontes e cuidar de sua ascensão profissional e de sua empregabilidade. Com a EAD, está nas mãos dos profissionais a melhoria de suas competências, conforme preconizou São Tomás de Aquino.

3ª Etapa – Especificação do Programa de Treinamento

"A especificação do programa de treinamento deve dar uma ideia bem clara das necessidades da organização, dos requisitos do treinamento e dos objetivos do treinamento que definem o que os treinandos estarão aptos a alcançar como resultado do treinamento" (ISO 10015, 2001, p. 6).

Para desenvolver esta etapa, sugerimos a elaboração de plano de curso e de planos de aula.

Veja, a seguir, o exemplo de duas planilhas: uma do plano de curso e outra do plano de aula.

Planilha A: **Exemplo de Plano de Curso**

PLANO DE CURSO
Curso:
Justificativa:
Objetivo geral:
Objetivos específicos:
Programa
Público-alvo:
Metodologia e recursos:
Carga horária:
Período e local:
Facilitador (a):
Avaliação:

É de suma importância a inclusão do item **Avaliação**. No plano de curso ou no plano de aula, convém mencionar quem fará a avaliação, quando será feita e que instrumento será utilizado. A avaliação deve permear todo o processo de ensino-aprendizagem. Os processos de planejamento e avaliação devem estar sempre integrados.

Planilha B: **Exemplo de Plano de Aula**

PLANO DE AULA			
Objetivo Geral:			
Objetivos específicos	Conteúdo programático	Recursos instrucionais	Tempo

No plano de aula deve-se mencionar os **Recursos instrucionais**, que são métodos, processos e recursos que serão utilizados para avaliar os objetivos específicos. Além, é claro, de outros recursos necessários para se atingir os objetivos propostos.

Os objetivos propostos devem ser exequíveis, o que implica a análise de todas as variáveis que possam interferir nos resultados almejados.

Segundo Maciel (1999), os objetivos são a pedra fundamental do processo de ensino-aprendizagem; estes devem ser descritos, observados nas intenções de avaliar comportamentos e resultados na fase pós-treinamento. É importante o uso de objetivos gerais e específicos, principalmente nos casos de programas com vários módulos e disciplinas.

4ª Etapa – Seleção do Fornecedor do Treinamento

Recomenda-se que todo fornecedor de treinamento, externo ou interno, seja submetido a um exame crítico antes de ser selecionado para fornecer o treinamento.

3.2.3 Execução do Treinamento

Ao selecionar o fornecedor, é bom verificar se ele tem condições para elaborar e implementar os recursos para a avaliação do treinamento.

1ª Etapa – Apoio Pré-treinamento

Na primeira etapa de apoio pré-treinamento recomenda-se:

- Municiar o fornecedor do treinamento com as informações pertinentes.
- Informar o treinando sobre a natureza do treinamento e as lacunas de competência que se pretende eliminar.
- Possibilitar o contato necessário entre o instrutor e os treinandos.

2ª Etapa – Apoio ao Treinamento

Na etapa de apoio ao treinamento são realizadas as seguintes tarefas:

- Fornecer ao treinando e/ou instrutor a infraestrutura necessária, como: ferramentas, equipamentos, documentação, *softwares*, acomodações.
- Fornecer oportunidades adequadas e pertinentes para o treinando aplicar as competências que estão sendo desenvolvidas.
- Dar o retorno sobre o desempenho da atividade, conforme requerido pelo instrutor e/ou treinando.

3ª Etapa – Apoio ao Final do Treinamento

Ao final do treinamento sugere-se:

- Receber informações do aproveitamento do treinando.
- Receber informações do aproveitamento do instrutor.
- Fornecer informações do aproveitamento para os gerentes e o pessoal envolvido no processo de treinamento.

3.2.3 Avaliação dos Resultados do Treinamento

Na ISO 10015, também é dada atenção especial à avaliação de resultados. De acordo com a norma, "a finalidade da avaliação é confirmar que ambos, os objetivos da organização e do treinamento, foram alcançados, ou seja, o treinamento foi eficaz".

Para que o treinamento seja um recurso estratégico, os profissionais de RH/T&D precisam desenvolver a competência necessária para implementar a norma ISO 10015, 2001 – *Gestão da Qualidade – Diretrizes para Treinamento*.

Esta fase é complexa, mas pode ser implementada com certa facilidade. Os resultados do treinamento podem ser avaliados em dois momentos:

1º Momento – Avaliação a Curto Prazo

Para verificar a opinião do treinando sobre os métodos e recursos adotados e sobre os conhecimentos e as habilidades adquiridos como resultado do treinamento.

2º Momento – Avaliação a Longo Prazo

Para verificar a melhoria da produtividade e do desempenho no trabalho.

Dentre as inúmeras abordagens de avaliação educacional, Hanblin (1978) retrata especificamente a avaliação do treinamento em sua definição clássica: **treinamento é um processo que provoca *reações*, que provocam *aprendizado*, que provoca mudanças de *comportamento* no *cargo*, que provocam mudanças na *organização*, que provocam mudanças na *consecução dos objetivos finais*.**

O capítulo "Avaliação do treinamento – propostas e perspectivas" detalha o processo de avaliação de treinamento, sugerindo diversas ferramentas para realizá-la com eficácia.

3.2.4 Monitoração

É importante lembrar que todas as fases do processo de treinamento devem ser monitoradas, visando à melhoria contínua do ciclo do treinamento.

> O objetivo principal da monitoração é assegurar que o processo de treinamento, como parte do sistema da qualidade da organização, está sendo devidamente gerenciado e implementado, de forma a comprovar a eficácia do processo em alcançar os requisitos do treinamento e da organização (ISO 10015, 2001, p. 8).
>
> Os insumos para a monitoração podem incluir todos os registros das etapas integrantes do processo de treinamento. Baseado nesses registros, pode ser feita uma análise crítica das diversas etapas para identificar itens não conformes e as devidas ações preventivas e corretivas (ISO 10015, 2001, p. 8).

Gestão Estratégica de Pessoas

Questões sobre o Capítulo

1) O que é a ISO 1005?
2) Quais são e para que servem as diretrizes de treinamento?
3) Explique com suas palavras as quatro etapas para implementação do treinamento.
4) O que é e para que serve a monitoração durante o ciclo do treinamento?

Construindo um Glossário

Pesquise em dicionários ou livros de administração os seguintes termos e normas:
- DNT
- LNT
- EAD
- ISO 9000
- ISO 9001
- ISO 14000

Conhecendo Autores

Escolha um autor citado no texto e realize uma pesquisa sobre sua vida, obras e principais ideias.

Pesquisa de Campo

Escolha uma organização real e desenvolva um programa de treinamento, perpassando pelas quatro etapas necessárias para sua implementação.

Case

1. Uma das maiores empresas de consultoria do mundo oferece aos seus *trainees*, aqui no Brasil, uma quantidade significativa de programas de treinamento. Um dos programas tem sido desenvolvido por um consultor, meu amigo, que diz ser muito gratificante desenvolver o programa porque, conforme afirma, os *trainees* têm um grande interesse e "lamentam" quando não podem participar do treinamento. De acordo com sua

observação, eles estão sempre motivados porque a empresa valoriza a participação em programas de treinamento, e eles "ganham" pontos na avaliação de desempenho.

Este *case* mostra que o envolvimento do pessoal está muito relacionado com resultados. O treinando deve ser devidamente informado dos resultados que se pretende atingir com o treinamento. Precisa, principalmente, saber o que irá ganhar.

a) Explique a relação do envolvimento do pessoal com a avaliação de desempenho e geração de resultados na organização.
b) Elabore argumentos favoráveis e contrários à implementação de programas de treinamento em empresas brasileiras.
c) Qual é seu posicionamento em relação à implementação de programas de treinamento?
d) Quais ações você sugere para manter o interesse e envolvimento dos treinados nesse tipo de programa?

2. Recentemente, a gerente de RH de uma grande associação de classe recebeu da Diretoria seis programas de EAD para análise. A Diretoria fez recomendações para que os programas fossem analisados por pessoas por ela escolhidas. Inicialmente, a gerente de RH pensou em escolher pessoas que ela julgava estarem interessadas na metodologia da EAD. Mas, avaliando melhor, resolveu "dar o exemplo" e analisar um programa, mesmo não tendo muito interesse em conhecê-lo. Para sua surpresa, o programa a envolveu, graças à metodologia inovadora da EAD.

A EAD está criando novos hábitos de aprendizagem, principalmente no que diz respeito ao autodidatismo (método mencionado no item 4.3.3 da norma ISO 10015). A forte contribuição da EAD para a mudança de paradigma educacional baseia-se no fato de que existe maior participação do aluno. No sistema presencial é notória a passividade do aluno em relação à condução do processo ensino-aprendizagem.

É importante frisar que a EAD, quando bem estruturada, segue as diretrizes dadas pela norma de *Gestão da Qualidade* – ISO 10015. Em muitas etapas, a metodologia implementada pela EAD supera a do ensino presencial. É o caso, por exemplo, da Avaliação da Aprendizagem, que chega a 100%, enquanto nos cursos presenciais fica em torno de 40% a 70%.

a) Enumere cinco vantagens e cinco desvantagens que a EAD pode gerar para organização em relação à educação presencial.
b) Em sua opinião, a metodologia da EAD funciona? Você já participou ou conhece alguém que participou de um programa deste tipo? Escreva sobre esta experiência.
c) Você acredita que alguns conhecimentos são mais bem ensinados e/ou aprendidos pela EAD? Justifique sua resposta com exemplos.
d) Em que situações dentro de uma organização você recomendaria a EAD?

Filmes

- *Por amor ou por dinheiro* (vínculo entre empresa e funcionário)
- *Tempos modernos* (tecnologia e rotina no trabalho. Mecanização x Humanização)
- *A firma* (planejamento de carreira, ética e decisão)
- *A felicidade não se compra* (escolhas, sucesso, ética, carreira, vida pessoal e profissional)
- *O som do coração* (talento, determinação e coragem)

Atividade com filmes: Selecione um dos filmes indicados e realize uma análise crítica que contemple os conceitos relacionados a cada um e o conteúdo abordado no capítulo.

Dinâmica

a) Caminho para o treinamento

Um grupo integrado, no qual os participantes têm bom relacionamento e trabalham de forma cooperativa, com empatia e comprometimento na realização de determinado objetivo, consegue aprimorar suas habilidades. Um caminho para que os treinamentos sejam mais eficazes é desenvolver este tipo de postura nos participantes.

Objetivos:
- Promover a integração do grupo;
- Desenvolver o espírito cooperativo;
- Exercitar a empatia;
- Criar compromissos.

Material:
- Barbante;
- Papel e caneta;
- Copo de água.

Desenvolvimento:
1. Dividir o grupo em equipes de cinco a sete pessoas;
2. Amarrar o calcanhar de uma no calcanhar da outra (esquerdo com o direito), de modo que tenham que andar em sintonia;
3. Amarrar o punho de uma no punho da outra (esquerdo com direito), de modo que tenham que utilizá-la em sintonia;
4. Realizar uma competição entre as equipes:
    - Prova 1: Corrida – Qual equipe chega primeiro (de um ponto a outro predeterminado);
    - Prova 2: Redação – Qual equipe consegue terminar de escrever um pequeno texto mais rapidamente (texto/frase a escolha do facilitador);
    - Prova 3: A equipe que consegue compartilhar um copo de água (todos devem beber um pouco) sem derrubar nenhuma gota;

Verificar a equipe vencedora, discutir a vivência sobre o que foi preciso para cumprir as provas, as dificuldades, os conflitos, os acordos e as maneiras como fizeram para se entenderem e seguirem as atividades em conjunto.

Para Descontrair... Frases e Humor

"Coloque seus funcionários em primeiro lugar e eles farão o mesmo com os clientes." (Clauss Möller)

"Para obter qualidade é preciso treinar, treinar e continuar treinando." (W. E. Deming)

"O maior benefício do treinamento não vem de se aprender algo novo, mas de se fazer melhor aquilo que já fazemos bem." (Peter Drucker)

"Pouca aprendizagem é uma coisa perigosa." (Alexander Pope)

"O treinamento fornecido hoje deve ser utilizado hoje." (Bruce Brocka & Suzanne Brocka)

"O treinamento industrial não desvia lucros – intensifica-os. A longo prazo, é ignorância dizer que custa dinheiro." (James Harrington)

"O treinamento transforma as boas intenções em bons resultados." (Thomas Berry)

"Toda instituição deve, é claro, ter suas finalidades e preocupações, mas, acima de tudo que possa fazer, deve estar preparada para responder à pergunta formulada pelas sociedades: O que a sua instituição está fazendo para proporcionar o crescimento das pessoas que nela trabalham?" (John W. Gardner)

"Se você treina suficientemente bem o seu pessoal, pode sair do caminho e deixá-lo fazer o trabalho." (James Barksdale)

"A estratégia de classe universal é a de aumentar, aumentar e aumentar as habilidades do pessoal, e não controlar, controlar e controlar." (Richard Schonberger)

"O mundo está em permanente mudança e a palavra chave é reaprender." (João Dornellas)

"Os analfabetos do século 21 serão aqueles que não desenvolverem sua capacidade de aprender, desaprender e reaprender." (Alvin Toffler)

"O riso é sinônimo de competência." (Richard Branson)

"O humor é, de longe, a mais importante atividade do cérebro humano." (Edward de Bono)

"Ninguém é tão ignorante que não tenha algo a ensinar. Ninguém é tão sábio que não tenha algo a aprender." (Blaise Pascal)

"Cada pessoa que eu encontro é superior a mim em algum aspecto sobre o qual eu aprendo algo". (Ralph Waldo Emerson)

"É o que pensamos que sabemos que nos impede de aprender." (Claude Bernard)

CAPÍTULO 4

Avaliação do Treinamento: Propostas e Perspectivas

Reflexão Inicial

"Um filósofo, ao bater na casa de uma família de moradores de um lugar no meio de uma floresta, onde não havia nenhum comércio nas redondezas, perguntou: – Como sobrevivem aqui? O pai de família respondeu calmamente: – Meu amigo, nós temos uma vaquinha que nos dá vários litros de leite todos os dias. Parte desse produto nós vendemos ou trocamos, na cidade vizinha, por outros gêneros de alimentos. Com a outra parte, produzimos queijo, coalhada e manteiga para o nosso consumo. E assim vamos sobrevivendo. Ao constatar essa realidade, o filósofo pediu para que seu discípulo jogasse a vaquinha da família no precipício que havia próximo do lugar. Depois de muitos anos, o discípulo (já um empresário bem-sucedido) resolveu voltar para o lugar e contar tudo à família, pedir perdão e ajudá-los financeiramente. Para sua surpresa, ao chegar lá, encontrou o local transformado num belíssimo sítio, com árvores floridas, carro na garagem e algumas crianças brincando no jardim. Ficou desesperado, imaginando que a humilde família tivesse precisado vender o sítio para sobreviver. Apertou o passo e foi recebido por um caseiro muito simpático. – Para onde foi a família que vivia aqui há dez anos? – perguntou. – Continuam donos do sítio – foi a resposta. Espantado, foi conversar com o dono do sítio, que logo o reconheceu. Ansioso, o discípulo logo perguntou como o homem conseguira melhorar tanto o sítio e ficar tão bem de vida. – Bem, nós tínhamos uma vaca, mas ela caiu no precipício e morreu, então, para sustentar minha família, tive que plantar ervas e legumes. Como as plantas demoravam para crescer, comecei a cortar madeira para vender. Ao fazer isso, tive que replantar as árvores e precisei comprar mudas. Ao comprar mudas, lembrei-me da roupa de meus filhos e pensei que poderia cultivar algodão. Passei um ano difícil, mas quando a colheita chegou eu já estava exportando legumes, algodão e ervas aromáticas. Nunca havia me dado conta de todo o meu potencial aqui: ainda bem que aquela vaquinha morreu!"

Fonte: Castilho, Alzira. *Como atirar vacas no precipício*, Panda Books, 2000.

4. AVALIAÇÃO DO TREINAMENTO – PROPOSTAS E PERSPECTIVAS

A avaliação é inerente e imprescindível em todo processo educativo em que se realize um constante trabalho de ação-reflexão-ação. Conforme nos ensina James Waldroop e Timothy Butler, a "ação e reflexão formam a mais potente combinação para a transformação pessoal".

Enquanto objeto com possibilidades diagnósticas, vinculado ao processo de aprendizagem, é fundamental elaborar um projeto de avaliação que possa servir, a todo instante, como *feedback* para avaliar não só o indivíduo e seu conhecimento, mas também a proposta da instituição, possibilitando, assim, validar e/ou rever o trabalho a cada momento que for necessário.

Neste capítulo serão apresentados os fundamentos e objetivos da avaliação, a necessidade de planejar e determinar seus indicadores, assim como realizar análises quantitativas e qualitativas dos resultados obtidos. Serão indicadas diversas propostas e exemplos, tais como: avaliação de recém-contratado, avaliação de reação, avaliação de aprendizagem, avaliação de mudança de comportamento, avaliação do retorno sobre investimento, entre outras.

Fonte: Elaborado pelos autores

4.1 Fundamentos da Avaliação

Em uma proposta de avaliação, não se pode dar ênfase somente a respostas certas ou erradas, mas também, e com relevada importância, ao modo como as pessoas chegam a tais respostas, tanto as certas quanto as erradas. Bettyna P. B. Gau Beni *et al.* afirma: "Não somente é possível medir o efeito da *performance* humana como é necessário para que T&D venha se firmar como área estratégica".

O ser humano é uma totalidade que envolve saber, ser/conviver e saber fazer. Todas essas dimensões devem ter igual importância em sua formação. Portanto, a avaliação precisa considerar essa totalidade, e não apenas o aspecto cognitivo, como habitualmente acontece na maioria dos processos avaliativos.

Antes de iniciar o planejamento de um sistema de treinamento e, por consequência, avaliá-lo, é necessário o uso de uma metodologia participativa, envolvendo os sujeitos da avaliação, como gestores, instrutores e treinandos.

A metodologia participativa de planejamento cria condições para a implantação da avaliação de treinamento de forma sistemática. É a partir da análise e discussão prévia das principais questões avaliativas com as pessoas que serão afetadas que se desencadeia um processo de reflexão e conscientização sobre a importância e necessidade da avaliação.

Uma avaliação eficiente e eficaz deve identificar erros e acertos, independentemente de nossa vontade.

Identificar falhas é, também, um dos objetivos da avaliação. Identificando falhas podemos, com relativa facilidade, melhorar o desenvolvimento dos programas de treinamento. É preciso, portanto, mudar nossos paradigmas. É preciso gostar das más notícias, conforme nos ensina Bill Gates: "É bom quando as más notícias se espalham. Você não vai poder reagir adequadamente se não tomar conhecimento exato e imediato das notícias decepcionantes. As pessoas afetadas precisam perguntar: 'O que aconteceu realmente? Quais são os fatos?' Elas precisam fazer uma análise cuidadosa da situação ocorrida."

Conforme, também, nos ensina o professor Chip Heath (*apud* Kirsner), precisamos nos livrar da armadilha que é nossa propensão para o otimismo: "Más notícias têm que circular. Muitas más notícias têm povoado o mundo dos negócios ultimamente. E, quase todas, são responsabilidades de líderes que as ignoram – até que elas se transformem em notícias piores ainda. O que você não sabe e não quer saber, pode e vai prejudicá-lo. Por que os executivos insistem em ignorar os problemas?" Chip Heath, professor da Stanford Business School, que estuda o tema, afirma: "As pessoas e as organizações têm uma propensão para o otimismo." E, segundo o humorista americano Kin Hubbard, "um otimista é um cara que acredita que o que está para acontecer será adiado".

Portanto, se o treinamento for mal avaliado, ótimo! Se "cada solução dá origem a novos problemas", como adverte o sociólogo americano Arthur Bloch, a avaliação negativa traz a possibilidade de um aprimoramento do treinamento. Por isso, se deve aproveitar a oportunidade para melhorar e buscar uma nova solução de treinamento. Afinal, esta é uma das atribuições dos profissionais de Recursos Humanos.

4.2 Objetivos das Avaliações

Até recentemente, dizia-se nas empresas que o importante era treinar os funcionários. A própria ISO 9001 (1994) enfatizava a importância do treinamento, exigindo que o fizesse e provasse que ele foi realizado. Já a nova versão da norma ISO 9001 (2008) não só exige que as empresas desenvolvam treinamento, mas que também avaliem sua eficiência e eficácia.

Veja, a seguir, os principais objetivos das avaliações.
- **Medir o retorno do investimento em treinamento.**

Treinamento, quando bem desenvolvido, dá resultado, muito resultado. Num programa de treinamento desenvolvido pela Vale, o índice de retorno – *Return On Investiment* (ROI) foi de 1977%.

Case Vale: Treinamento que Dá Retorno

O Trilhas Técnicas, um dos modelos educacionais liderado pela Valer Educação, área responsável pelo desenvolvimento de pessoas, objetiva a formação contínua de todos os funcionários técnico-operacionais das áreas de minas, portos, usinas e ferrovias. A primeira etapa do programa é o mapeamento de competências. Com a colaboração de comitês técnicos, integrados por especialistas das diversas áreas, a Valer Educação define o conjunto de competências a desenvolver e o itinerário pedagógico a ser seguido pelos diversos perfis: um currículo completo com todas as ações educacionais necessárias. O comitê técnico ajuda a detectar os potenciais educadores internos que atuarão na formação de pessoas.

A segunda etapa implica dois processos articulados: a formação de educadores e o desenvolvimento de materiais didáticos.

A terceira etapa é a implementação propriamente dita, com centenas de ações que ocorrem simultaneamente. Uma equipe de gestão das Trilhas Técnicas faz o monitoramento e avalia todo o processo, gerando controles e relatórios e garantindo a correção imediata de eventuais *gaps* e o aprimoramento contínuo.

> Ramal, Andréa. Educação com resultados para o negócio: *case* Vale. *Revista T&D*, São Paulo, n. 154, p. 33, 2008.

- **Medir resultados estratégicos**

Melhoria da qualidade, aumento da satisfação dos clientes, da produção, das vendas e dos lucros, redução de custos, de acidentes e de *turnover*, e muitos outros resultados, de acordo com os programas desenvolvidos.

- **Melhorar o treinamento**

Mediante avaliações é possível identificar falhas na programação e no desenvolvimento dos treinamentos e outras não conformidades. A partir dessa identificação é possível melhorar o treinamento, de forma contínua.

- **Melhorar o índice de aproveitamento dos treinandos**

    Está comprovado que os treinandos são mais dedicados quando sabem que serão avaliados.

- **Melhorar a competência dos docentes**

    A avaliação identifica erros relativos à didática e à metodologia dos docentes. Identifica, também, condições e fatores que influenciam negativamente no resultado do treinamento. Fornecendo *feedback* aos docentes, as avaliações têm um papel importante no processo de eliminação dos *gaps* de competência dos docentes.

- **Melhorar os recursos instrucionais**

    Deve-se avaliar a adequação dos métodos, processos e recursos de treinamento e medir seus resultados. Mediante avaliações é possível escolher os melhores métodos, processos e recursos de treinamento. Com esta providência, é possível diminuir custos e aumentar a eficácia do treinamento.

- **Melhorar a Gestão da Qualidade**

    O treinamento, de acordo com a norma ISO 10015, tem como objetivo eliminar os *gaps* das competências essenciais, bem como assegurar a aquisição de novas competências. De forma direta e indireta, as avaliações interferem positivamente na gestão da empresa.

4.3 Planejamento das Avaliações

As avaliações devem ser previstas e planejadas antes do desenvolvimento dos programas de treinamento.

É de suma importância ter os objetivos gerais e específicos dos programas bem definidos. Sempre que possível, os objetivos devem ser definidos em termos quantitativos e qualitativos. Um exemplo de objetivo de um curso de logística: reduzir em 50% o prazo de entrega da mercadoria.

Uma providência bastante eficaz é a identificação e escolha de índices e indicadores que possam ser utilizados para medir os resultados de determinado programa de treinamento.

Se o treinamento previsto é para vendedores, podemos escolher, entre outros, os seguintes índices e indicadores para avaliar o resultado: porcentagem de novos clientes em relação à carteira de clientes atuais, vendas mês a mês comparadas com as vendas atuais ou com as vendas dos meses do ano anterior, visitas realizadas versus pedidos etc.

O importante é escolher o(s) índice(s) e/ou o(s) indicador(es) que realmente sejam adequados para avaliar os resultados esperados.

Convém selecionar os tipos de avaliação mais adequados antes do desenvolvimento de um programa de treinamento. Não é necessário utilizar sempre todos os tipos de avaliação.

Veja, na figura seguinte, com que frequência as empresas estão, atualmente, utilizando as avaliações.

COM QUE FREQUÊNCIA AS EMPRESAS ESTÃO UTILIZANDO AS AVALIAÇÕES

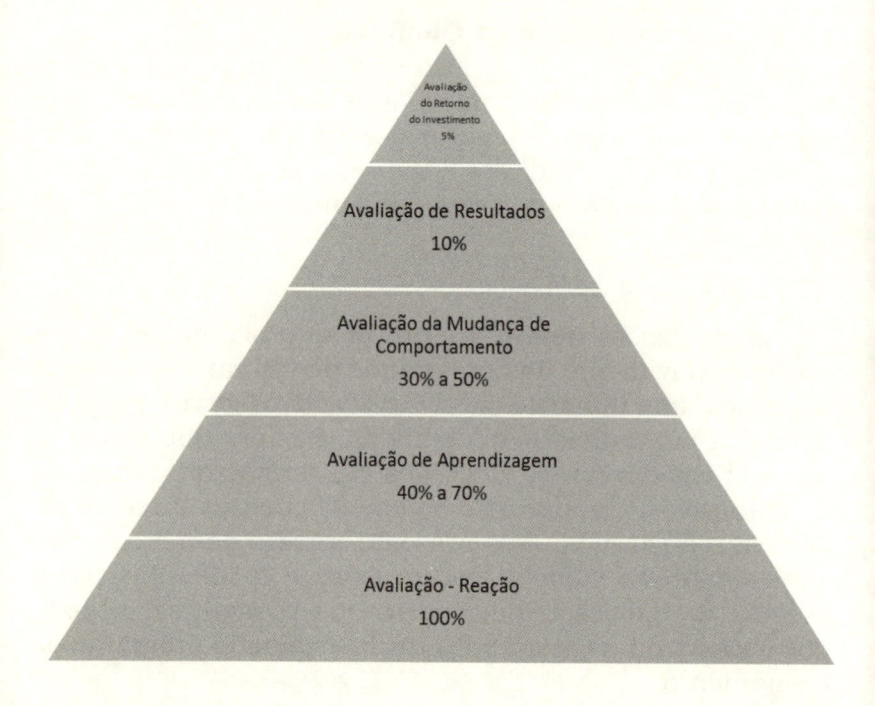

- Avaliação do Retorno do Investimento — 5%
- Avaliação de Resultados — 10%
- Avaliação da Mudança de Comportamento — 30% a 50%
- Avaliação de Aprendizagem — 40% a 70%
- Avaliação - Reação — 100%

Analisando a figura acima, podemos concluir o seguinte:
- A Avaliação do Retorno do Investimento é pouco utilizada. Na verdade, poucas empresas têm profissionais habilitados para utilizar esse tipo de avaliação.
- Atualmente, em razão da exigência da nova versão da ISO 9001, muitas empresas, principalmente as grandes, têm procurado avaliar o retorno do investimento em treinamento.
- Para sermos mais eficazes convém, inicialmente, utilizar a Avaliação do Retorno do Investimento em Treinamento nos programas considerados mais importantes e naqueles nos quais o investimento é maior.
- A Avaliação de Resultados deve, também, ser mais utilizada. É preciso avaliar resultados qualitativos e quantitativos para, entre outros motivos, poder melhorá-los continuamente.
- Quanto à Avaliação de Reação, seu uso está bastante difundido, mas com frequência é mal utilizada. Como, em muitos casos, é a única avaliação utilizada, seu objetivo é desvirtuado.

4.4 Indicadores para Avaliar Resultados de Treinamento

Os profissionais de RH, com a colaboração efetiva dos gestores da empresa, devem se responsabilizar pela utilização de indicadores para mensurar resultados de treinamento. De forma direta ou indireta, os indicadores devem ser definidos com base em missão, visão, valores e metas da empresa, para assegurar que o investimento em treinamento tenha um retorno significativo e previsto.

Como já mencionado anteriormente, os indicadores devem ser identificados por ocasião da elaboração do programa de treinamento, quando são definidos os objetivos específicos do programa.

É conveniente lembrar a questão da objetividade. Vale mais utilizar poucos indicadores, mas que sejam os mais precisos possíveis. Empresas internacionais de consultoria já identificaram mais de 900 indicadores para avaliar resultados de treinamento (Infohrm Pty Ltd, 2007).

Veja, a seguir, alguns indicadores que podem ser utilizados para avaliar resultados de treinamento.

1. Faturamento *per capita*: Este indicador é utilizado para medir a produtividade do pessoal em determinado período e compará-la com a atingida em outros períodos. A revista *Exame* utiliza o indicador 'riqueza criada por empregado', que, dentre outras coisas, classifica as melhores e maiores empresas do Brasil. Este indicador é, também, muito útil para comparar sua empresa com outras do mesmo ramo/setor.

"**Riqueza criada por empregado**: É o total da riqueza criada pela empresa, dividido pela média aritmética do número de empregados, sem levar em conta eventuais serviços terceirizados. Serve para indicar a produtividade dos trabalhadores e a contribuição média de cada um na riqueza gerada pela empresa."

2. RBC – relação benefício/custo: Este indicador procura evidenciar o resultado do investimento em treinamento. Quanto maior o índice, melhor é o resultado. Os dados para calcular o RBC são iguais aos utilizados no ROI, o que difere é a fórmula de cálculo. Atualmente, as empresas têm preferido utilizar a fórmula do ROI.

Para calcular o índice do RBC, basta:
A. Calcular o total de benefícios obtidos com o treinamento.
B. Calcular o total dos custos.
C. Dividir o total de benefícios pelo total de custos.

Exemplo:
O total de benefícios com o treinamento de dez vendedores foi de R$ 100.000,00 e o total de custos R$ 25.000,00; Logo, RBC = 4. O benefício foi 4 vezes o custo, ou seja, para cada R$ 1,00 investido, houve um retorno de R$ 4,00.

3. Custo de saúde: O custo de saúde é uma das principais preocupações em nível mundial, nacional e regional. Faça uma análise para identificar como o plano de saúde está sendo utilizado e determine o custo por empregado. Com certeza, surgirão algumas oportunidades de reestruturar esse plano, de modo a atender melhor aos usuários e, consequentemente, com impacto positivo nos outros serviços de saúde. Este indicador pode ser utilizado para mensurar treinamento, cujo objetivo seja assegurar a saúde e segurança do empregado. Considere também neste indicador o absenteísmo, custo de folha com acidentes de trabalho, atestados médicos e doenças ocupacionais. Veja como é fértil este indicador. Quantas ações de RH poderão ser justificadas com ele?

4. Desligamento voluntário: As empresas precisam desenvolver programas sob medida para reter os profissionais que ela não quer perder. Programas de treinamento e desenvolvimento de carreira evitam que as pessoas troquem de emprego na primeira oportunidade que lhes aparecer. Tanto os índices de rotatividade de pessoal de cargo-chave quanto o índice geral de desligamento devem ser analisados. Empresas com taxas de *turnover* muito baixas (< 3%) são, geralmente, organizações estáticas. O excesso de estabilidade pode ser um problema, pois pode dificultar a implementação de mudanças na empresa. De acordo com Luiz Augusto P. M. Simão, taxas de *turnover* muito altas são tão ruins quanto taxas muito baixas.

5. Custo de *turnover*: Para se conseguir apoio para a implantação de projetos de treinamentos estratégicos de retenção de pessoal, calcule os custos da rotatividade de pessoal e demonstre aos altos executivos da empresa o quanto isto é oneroso. Custos diretos e indiretos com desligamento de pessoal podem atingir vários dígitos em se tratando de executivos ou profissionais especializados. Além dos custos identificáveis, ainda há os custos muito mais críticos e não mensuráveis, como os efeitos causados aos serviços prestados aos clientes e à qualidade dos produtos. Se em uma área é identificado um número elevado de funcionários que solicitam desligamento em razão da chefia, pode-se usar essa informação para justificar um treinamento dessa chefia. Faça um acompanhamento, após o treinamento, e verifique se o número de desligamentos caiu por esta razão. Caso seja positivo, é a prova definitiva de que a empresa ganhou com o investimento em treinamento da chefia.

6. Tempo de treinamento *per capita*: Um índice mundialmente aceito é aquele que considera empresa em nível de excelência em treinamento – aquela que atinge a média de 100 h/treinamento por empregado. Diretores, gerentes, consultores e outros profissionais do conhecimento devem ter 160 h/treinamento por ano, para atingir o nível de excelência. Devem, portanto, trabalhar dez meses, ter férias de um mês e ter o correspondente a um mês (160 horas) para se atualizar. Neste caso, a atualização pode ocorrer mediante cursos tradicionais, palestras, leitura/estudo dirigido, visitas a feiras e exposições e outras atividades de ***benchmarking.*** Mas, atenção: o indicador "Horas/Treinamento", quando analisado isoladamente, só mede o "esforço" do RH. Indica se o RH trabalhou muito ou pouco, desenvolvendo treinamento. Para melhor análise é, portanto, indispensável avaliar o resultado dos treinamentos realizados.

7. Atitudes dos empregados e o desempenho da empresa: A edição especial *"As melhores empresas para você trabalhar"* – publicada regularmente pela revista *Exame*, tem demonstrado que as melhores empresas para os empregados são, também, as melhores em lucratividade e produtividade. "A relação simples entre atitudes dos empregados e desempenho da empresa constitui os fundamentos do modelo de mensuração da Sears." Após diversos estudos, os profissionais da Sears chegaram à seguinte conclusão, com relação ao índice que mede a atitude dos empregados: "Melhorias de 5 pontos nas atitudes dos empregados induzirão a um aumento de 1.3 ponto na satisfação dos clientes, o que, por sua vez, resultará em aumento de 0,5% nas receitas." (*Harvard Business Review*, 1998.) Pesquisa da ISR (2006) revela que companhias que possuem colaboradores comprometidos apresentam melhores resultados financeiros. A descoberta mais importante foi a diferença de quase 52% no aumento do lucro operacional ao longo de um ano, entre companhias com colaboradores altamente comprometidos *versus* companhias cujos colaboradores tiveram baixos índices de comprometimento. Companhias de alto comprometimento tiveram aumento de 19,2%, enquanto companhias de baixo comprometimento tiveram redução de 32,7% no lucro operacional ao longo do período em estudo.

4.5 Ótimo Indicador para Medir Resultados de T&D

Pesquisas de clima evidenciam o fato de que as melhores organizações têm profissionais mais satisfeitos e, consequentemente, mais competentes. Considerando a importância do bom ambiente de trabalho, muitas empresas estão utilizando a pesquisa de clima, como indicador, para medir resultados. De acordo com o diretor-executivo do Hay Group, Vicente Gomes, "70% dos resultados dos negócios são influenciados por uma boa gestão do clima organizacional" (*Exame*, 2008), ou seja, as grandes empresas nacionais e internacionais já perceberam a importância de um bom ambiente de trabalho para a produtividade.

Também, pesquisas feitas pela Great Place to Work Institute (*HSM Management*, 2010) provam que aspectos como salário e benefícios estão longe de figurar entre os fatores mais importantes na constituição desse local propício à produtividade e à inovação. As melhores empresas para trabalhar têm em comum, como traço determinante de sua cultura, o fato de desenvolverem relacionamentos baseados em confiança. Embora cada empresa seja absolutamente única e, portanto, diferente de todas as outras, qualquer empresa, de qualquer porte e em qualquer lugar, pode se tornar um excelente lugar para trabalhar caso adote práticas que criem um círculo virtuoso de confiança.

E o que mostram as Pesquisas de Clima Organizacional (Sorio, 2010).

Pesquisas de clima evidenciam o fato de que as melhores organizações têm profissionais mais competentes e bem-humorados. Esta pesquisa tem como objetivo mapear ou retratar os aspectos críticos que configuram o momento motivacional dos funcionários da empresa a partir da apuração de seus pontos fortes, deficiências, expectativas e aspirações.

As empresas devem, cada vez mais, melhorar seus índices de competitividade, e para isso elas dependem quase que única e exclusivamente de seres humanos – motivados, felizes e orgulhosos dos valores compartilhados com a organização. Pesquisas indicam que colaboradores com baixos índices de motivação utilizam somente 8% de sua capacidade de produção. Por outro lado, em setores/áreas/empresas onde encontramos colaboradores motivados, esse mesmo índice pode chegar a 60%. As empresas precisam manter o índice de motivação de seus colaboradores o mais elevado possível, de forma que esse valor passe a ser um dos seus indicadores de resultado.

É importante dizer que a Pesquisa de Clima deve sempre estar coerente com o planejamento estratégico da organização e deve contemplar questões de diferentes variáveis organizacionais, tais como:

- **O trabalho em si** – com base nesta variável procura-se conhecer a percepção e atitude das pessoas em relação ao trabalho, horário, distribuição, suficiência de pessoal etc.;
- **Integração setorial e interpessoal** – avalia o grau de cooperação e relacionamento existente entre os funcionários e os diversos departamentos da empresa;
- **Salário** – analisa a existência de eventuais distorções entre os salários internos e eventuais descontentamentos em relação aos salários pagos por outras empresas;
- **Estilo gerencial** – aponta o grau de satisfação do funcionário com a sua chefia, em termos de competência, *feedback*, organização, relacionamento etc.;

- **Comunicação** – buscar o conhecimento que os funcionários têm sobre os fatos relevantes da empresa, seus canais de comunicação etc.;
- **Desenvolvimento profissional** – avalia as oportunidades de treinamento e as possibilidades de promoções e carreira que a empresa oferece;
- **Imagem da empresa** – procura conhecer o sentimento das pessoas em relação à empresa;
- **Processo decisório** – esta variável revela uma faceta da supervisão, relativa à centralização ou descentralização de suas decisões;
- **Benefícios** – apura o grau de satisfação com relação aos diferentes benefícios oferecidos pela empresa;
- **Condições físicas do trabalho** – verifica as condições físicas de trabalho, as condições de conforto, instalações em geral, riscos de acidentes de trabalho e doenças profissionais;
- **Trabalho em equipe** – Mede algumas formas de participação na gestão da empresa;
- **Orientação para resultados** – Verifica até que ponto a empresa estimula ou exige que seus funcionários se responsabilizem efetivamente pela obtenção de resultados.

Não existe uma Pesquisa de Clima padrão. Cada empresa adapta o questionário à sua realidade, linguagem e cultura de seus funcionários.

Para que a empresa tenha sucesso na mensuração do clima organizacional, é necessário credibilidade no processo, sigilo e confiança.

A pesquisa de clima organizacional é, sem dúvida, um dos melhores recursos que a empresa pode utilizar para melhorar sua produtividade. As informações que a pesquisa fornece são de grande utilidade para todas as áreas da organização. A área de RH é uma que pode se beneficiar de diversas maneiras. Atendendo ao escopo deste texto, enfatizo a questão do T&D. A Pesquisa de Clima, como instrumento para ouvir o cliente interno, nos fornece informações valiosas para identificarmos os *gaps* de competências existentes na organização. Também nos informa sobre os resultados obtidos com o desenvolvimento de programas de treinamento e desenvolvimento do pessoal.

Colaboradores Felizes Têm Melhor Desempenho (Bispo, 2009): "Um som se ouve à porta: Toc, toc! Quem é?, pergunta a empresa. Sou eu, posso entrar?, responde a felicidade". Se esse diálogo pudesse se tornar realidade, muitos profissionais de RH e gestores ficariam aliviados, pois bastaria abrir uma janela e a felicidade invadiria as organizações e os índices de satisfação interna sempre estariam acima das expectativas. Por esse motivo, a área de Recursos Humanos sempre recorre a recursos para avaliar o clima entre os colaboradores, pois se eles estão insatisfeitos com algo, isso refletirá diretamente no desempenho das suas atividades.

"A definição de uma bem-estruturada política de Recursos Humanos e a concretização efetiva de um ambiente de valorização humana, onde todos são líderes de líderes, será a base fundamental para a construção de um ambiente de felicidade, satisfação profissional, sucesso empresarial e êxito coletivo", afirma o consultor organizacional Francisco Gomes de Matos, autor do livro *Empresa feliz*. A obra possui um diferencial, pois apresenta aos leitores o Fator QF – Quociente de Felicidade – uma metodologia que defende a introdução da felicidade como motivação essencial do ser humano no meio organizacional.

O escritor Richard Reeves, autor de *Segundas-feiras felizes*, oferece a receita com medidas para aumentar a felicidade dos profissionais (*Negócios*, 2007).

É preciso dar mais autonomia aos funcionários, oferecer a eles a possibilidade de aquisição de novos conhecimentos, promover atividades sociais no local de trabalho e, para que se sintam mais envolvidos com a companhia, dar voz a cada um.

Atualmente, várias empresas têm demonstrando interesse em adotar o conceito de Felicidade Interna Bruta – FIB, desenvolvido no Butão há quase 40 anos. O indicador é um contraponto à predominância da visão econômica no dia a dia e embute desenvolvimento atrelado às condições adequadas de trabalho, à consciência social e ambiental e ao valor humano dos profissionais, relata a revista *Canal RH*.

A Icatu Hartford aderiu ao FIB (2012) e usou o indicador numa campanha publicitária da organização. Outras empresas, como a Cargill e a Princewaterhouse, que também estão interessadas no conceito, se movimentam internamente para estudar a viabilidade de sua aplicação no ambiente corporativo.

Finalizando, é bom lembrar que os indicadores e a pesquisa de clima são recursos para medir resultados que estão de acordo com as diretrizes dadas pela norma ISO 10015.

4.6 Avaliação da Reação

Esta avaliação é a mais fácil de ser realizada. Documenta o valor percebido pelo treinando. É feita regularmente, no término do treinamento, mas pode ser feita durante ou uma semana após sua realização.

Kirkpatrick (1984) descreve esta avaliação como a medida de satisfação do cliente e justifica:

> Se os participantes não reagem de forma favorável, provavelmente não estarão motivados a aprender. Reação positiva e satisfação pode não assegurar o aprendizado, mas reação negativa certamente reduz a possibilidade de aprendizado.

Veja, a seguir, um exemplo de formulário padrão para avaliação de reação.

Formulário: Avaliação da reação – padrão

AVALIAÇÃO DE REAÇÃO

Assinale com um X o número que melhor expressa sua opinião.

PÉSSIMO	REGULAR		BOM			MUITO BOM		ÓTIMO	
1	2	3	4	5	6	7	8	9	10

Justifique:

Nome: _____
Departamento: _____
Fone/Ramal: _____

O formulário de avaliação de reação, anteriormente apresentado, foi construído com base na sugestão de Peter Drucker e, também, na Escala Likert.

A T&G tem utilizado esse formulário, com muito sucesso, na avaliação dos *workshops* que desenvolve para profissionais de RH/T&D. Devemos esclarecer, porém, que o bom resultado que temos obtido é devido ao nível dos participantes de nossos *workshops*. Na sua maioria, são profissionais com ótimo nível de escolaridade e maturidade, e que, portanto, não têm dificuldade em justificar sua opinião, fazendo críticas e sugestões.

De acordo com a metodologia utilizada pela T&G, as avaliações são devidamente tabuladas e enviadas a todos os participantes.

Um procedimento bastante eficaz para avaliar a reação dos participantes de um treinamento é a avaliação oral. Conforme nos sugere Peter Drucker, para ouvir os treinandos, que são clientes do treinamento, bastam duas perguntas:

O que acharam deste treinamento?

Que sugestões podem nos dar para melhorarmos este treinamento?

Após ouvir a resposta à primeira pergunta, não se deve comentá-la. Lembre-se de que o objetivo é só um: ouvir o cliente. Mesmo quando o treinando faz comentários depreciativos, o importante é incentivá-lo a fazer mais comentários, perguntando:

O que mais...?

Também, após a segunda pergunta, o importante é só ouvir o que o treinando tem a dizer. Não se deve fazer nenhum comentário sobre a sugestão dada. Deve-se, isso sim, incentivar os treinandos para que deem mais sugestões. Procure incentivar os treinandos, perguntando:

O que mais...?

Após o treinamento, os responsáveis pelo seu planejamento e desenvolvimento devem analisar criteriosamente as avaliações e fazer um relatório – oral ou escrito – enfatizando a contribuição dada pelos treinandos. Logicamente, o que for pertinente e viável deve-se implementar. O que não for viável deve-se justificar, de acordo com a boa técnica.

Sendo a avaliação de reação a mais utilizada, muitos profissionais de RH aproveitam o momento para solicitar a opinião do treinando sobre os mais variados assuntos. Este procedimento pode ser considerado errado quando:

- Somente se faz a avaliação de reação, perdendo-se a oportunidade de avaliar, com maior eficiência e eficácia, a aprendizagem, a mudança de comportamento e outros resultados.
- No formulário há um excesso de itens a serem avaliados, e quando as orientações para seu preenchimento não são muito claras.

Veja, a seguir, modelo de avaliação de reação, com diversos itens a serem avaliados.

Formulário: Avaliação da Reação – Diversos Itens

AVALIAÇÃO
Evento: ....
Data: ..../......./............. Participante: ....

PROGRAMA E METODOLOGIA	1 FRACO	2 REGULAR	3 BOM	4 MUITO BOM	5 ÓTIMO
Objetivos atingidos					
Equilíbrio entre teoria e prática					
Adequação do material didático ao programa					
ORGANIZAÇÃO	1 FRACO	2 REGULAR	3 BOM	4 MUITO BOM	5 ÓTIMO
Pontualidade					
Instalações					
Apoio administrativo					
Recursos audiovisuais					
INSTRUTOR	1 FRACO	2 REGULAR	3 BOM	4 MUITO BOM	5 ÓTIMO
Domínio do assunto					
Clareza e objetividade na exposição do assunto					
Capacidade de esclarecer dúvidas					
SEU CONHECIMENTO SOBRE OS TEMAS ABORDADOS	1 FRACO	2 REGULAR	3 BOM	4 MUITO BOM	5 ÓTIMO
Antes do curso					
Após o curso					

SUGESTÕES E OBSERVAÇÕES:

4.6 Avaliação da Aprendizagem

A aprendizagem pode ser avaliada por meio da observação, da entrevista, da autoavaliação, da avaliação do treinando por seu gestor ou por um profissional de RH. Mas, sem dúvida, a avaliação por meio das chamadas provas objetivas é um dos melhores recursos.

Veja, a seguir, um modelo de prova objetiva utilizada para avaliar aprendizagem. Essa prova é utilizada após a realização do *workshop* "Em busca da eficácia em treinamento".

Formulário: Avaliação da Aprendizagem

01. Assinalar a afirmação mais correta.
- ❏ A norma NBR ISO 10015: 2001 enfatiza a importância da Gerência de Recursos Humanos e da necessidade de treinamento adequado.
- ❏ Só a alta gerência tem condições de implementar a norma NBR ISO 10015: 2001.
- ❏ Em todo treinamento, obrigatoriamente, deve-se fazer a avaliação tipo reação e a avaliação de resultados.
- ❏ A evidência objetiva de que a empresa tem determinada competência é feita por meio de registro, documentando a realização de cursos específicos sobre essa determinada competência.

02. Para a EXECUÇÃO DO TREINAMENTO (4.4) a norma NBR ISO 10015 prevê os seguintes apoios:
- ❏ Apoio ao fornecedor do treinamento ou apoio aos profissionais da empresa que desenvolverão o treinamento.
- ❏ Apoio pré-treinamento – Apoio ao treinamento – Apoio ao final do treinamento
- ❏ Apoio ao treinando e ao instrutor.
- ❏ Apoio operacional e gerencial.

03. Quais os objetivos da DEFINIÇÃO DAS NECESSIDADES DE TREINAMENTO (4.2)?
- ❏ Definir as lacunas entre competência existente e requerida.
- ❏ Definir as necessidades de treinamento dos empregados cuja competência existente não atende aquelas requeridas para o trabalho.
- ❏ Documentar as necessidades de treinamento específicas.
- ❏ Todas as alternativas anteriores estão corretas.

(continua)

(continuação)

04. É conveniente que a AVALIAÇÃO DOS RESULTADOS DO TREINAMENTO (4.5) seja feita:
- ❏ Por meio de avaliação de reação e de avaliação de resultados.
- ❏ A curto prazo, para verificar a opinião do treinando sobre os métodos e recursos adotados e sobre conhecimentos e habilidades adquiridas como resultado do treinamento.
- ❏ A longo prazo, para verificar a melhoria da produtividade e do desempenho no trabalho.
- ❏ A curto e longo prazos.

05. Segundo Prahalad e Hamel, para que uma competência seja considerada essencial, ela deve:
- ❏ Agregar valor a seus clientes.
- ❏ Diferenciar a empresa de seus concorrentes.
- ❏ Abrir as portas do futuro para a empresa (Capacidade de Expansão).
- ❏ Todas as afirmações anteriores estão corretas.

06. Para Prahalad e Hamel, normalmente, o nível de agregação mais útil resulta em:
- ❏ 5 a 15 competências essenciais, que devem ter seus componentes desmembrados até o nível de indivíduos específicos com talentos específicos.
- ❏ 16 a 30 competências essenciais, que devem ter seus componentes desmembrados até o nível de indivíduos específicos com talentos específicos.
- ❏ 29 a 50 competências essenciais, que devem ter seus componentes desmembrados até o nível de indivíduos específicos com talentos específicos.
- ❏ Mais de 50 competências essenciais, que devem ter seus componentes desmembrados até o nível de indivíduos específicos com talentos específicos.

07. Competência essencial:
- ❏ É o CHA – Conhecimento, Habilidade e Atitude.
- ❏ Está relacionada àquilo que a empresa faz de melhor.
- ❏ É a melhor competência do profissional.
- ❏ É o mesmo que estratégia empresarial.

(continua)

(continuação)

08. A finalidade da *Avaliação do Treinamento* é confirmar que foram alcançados os seguintes objetivos:
- ❏ Objetivos do Treinando e do Treinador.
- ❏ Objetivos da Organização e do Treinamento.
- ❏ Objetivos Estratégicos e Operacionais.
- ❏ Objetivos Gerais dos Programas de Treinamento.

09. Complete as frases abaixo com as palavras **EFICIENTE** e **EFICAZ**

Ser .... é desenvolver corretamente uma atividade.
Ser .... é obter resultados.

10. Relacione a descrição à esquerda com as palavras à direita.

A – Se os procedimentos não forem seguidos, mas os resultados especificados forem alcançados, então os registros das competências devem ser atualizados para refletir essa qualificação adicional.	( ) **EFICIENTE E INEFICAZ**
B – Se os procedimentos forem seguidos e os requisitos especificados forem alcançados, então os registros das competências devem ser atualizados para refletir essa qualificação adicional.	( ) **INEFICIENTE E EFICAZ**
C – Se os procedimentos forem seguidos, mas os requisitos não forem alcançados, então serão necessárias ações corretivas para melhoria do processo de treinamento ou desenvolver uma solução alternativa ao treinamento.	( ) **EFICIENTE E EFICAZ**

É muito eficaz a utilização de provas ou testes objetivos, não só para a avaliação, mas também para a fixação da aprendizagem. O recurso pode ser utilizado como pré-teste e como pós-teste. Os pré e pós-testes são ferramentas muito eficazes de aprendizagem e um ótimo recurso para avaliação da aprendizagem.

4.7 Avaliação da Mudança de Comportamento

Fazer a avaliação da mudança de comportamento não é difícil. É um pouco complexo e exige, na maioria dos casos, um tempo mais prolongado para implementá-la. Exige, sim, muita dedicação e profissionalismo.

Bettyna P. B. Gau Beni *et al.* (2002), em "Avaliação dos resultados em treinamento comportamental", dizem o seguinte:

É chegada a hora da virada: há que se parar de reclamar. Caso contrário, os profissionais de RH vão acabar cedendo lugar a outros profissionais ou consultores externos. Todos temos de enfrentar a realidade e entender que os tempos mudaram e que só sobrevive quem estiver preparado.

Assim como a elaboração do formulário de avaliação de reação anteriormente apresentado, pode-se criar formulários para avaliar, de modo específico, os treinamentos que tenham como objetivo a mudança de comportamento. A técnica consiste em definir os prognosticadores relacionados com os objetivos do programa. Prognosticadores são características pessoais requeridas pelo tipo de trabalho a ser desenvolvido por determinada pessoa, em determinada função.

Tomando por base os prognosticadores e suas graduações, é possível avaliar determinada pessoa, com base nas características que determinam a sua melhor ou pior atuação funcional. Mantendo-se fixas essas variáveis, poder-se-á avaliar o quanto ela evoluiu ou involuiu, em determinado tempo.

Bergamini e Beraldo, no excelente livro *"Avaliação de desempenho humano na empresa"*, fazem a descrição de um grande número de prognosticadores e suas graduações, como o seguinte, para funções de chefia e liderança:

EQUILÍBRIO EMOCIONAL – Considere a maturidade demonstrada no exercício de sua chefia	
1ª graduação	Descontrola-se por qualquer motivo, transmitindo sua ansiedade aos subordinados.
2ª graduação	Quando perde o controle necessita que outra pessoa o ajude a equilibrar-se novamente. Seu equilíbrio é precário.
3ª graduação	Raramente perde o controle e, quando isso acontece, esforça-se por voltar ao equilíbrio, não deixando seus subordinados apreensivos.
4ª graduação	É calmo e sereno, não possuindo grandes variações de humor; transmite a seus funcionários essa atitude favorável, mesmo em horas difíceis.

Para avaliar resultados de treinamento que tem como objetivo a mudança de comportamento, é recomendável ter informações sobre o comportamento do treinando antes e depois do treinamento. Para cada situação, há um procedimento específico. Podem ser utilizadas, entre outras, a autoavaliação e a observação feita pelos gestores dos treinandos ou pelos profissionais de RH.

Veja, a seguir, modelo de formulário para o funcionário fazer sua autoavaliação.

AVALIAÇÃO DA MUDANÇA DE COMPORTAMENTO
Este formulário tem como objetivo o registro de sua autoavaliação com relação à mudança de comportamento ocorrida, a partir do treinamento recentemente realizado. Solicitamos o envio deste formulário, devidamente preenchido, ao setor de treinamento, no prazo de quatro dias.
Funcionário: .... Data ...../...../........ 1. Estou aplicando o que aprendi. ☐Sim ☐Em parte ☐Não Justifique... 2. Tive ideias novas para implementar melhorias. ☐Sim e já foram colocadas em prática. ☐Sim, tive ideias, mas não consegui colocá-las em prática. ☐Sim, mas ainda não foram colocadas em prática, pelos seguintes motivos: ☐Faltam recursos ☐Falta tempo ☐Falta aprovação ☐Falta apoio ☐Insegurança ☐Existem outras prioridades ☐Outras razões:...

(continua)

(continuação)

3. Mudei minha atitude/comportamento, **para melhor**, em relação a: ☐Clientes internos ☐Fornecedores internos ☐Clientes externos ☐Fornecedores externos Outras razões:.. 4. Sugestões e críticas que julgo importantes: ....

Veja, a seguir, um modelo de formulário para registrar observações do gestor do treinando ou de um profissional de RH.

Avaliação da Mudança de Comportamento		
Funcionário:		
Comportamentos observáveis	**SIM**	**NÃO**
1. Usa luvas, quando necessário?		
2. Usa protetor auricular, quando necessário?		
3. Usa óculos, quando necessário?		
4. Manuseia, com segurança, máquinas e equipamentos?		
Observações:		

4.7.1 Avaliação de Funcionário Recém-contratado

Uma das melhores formas de avaliar o resultado do **Treinamento de Integração** é avaliar o comportamento e a atitude dos funcionários recém-contratados, durante o chamado período de experiência.

Veja, a seguir, o modelo de avaliação que foi implementado pela T&G na empresa ATB S.A.

De acordo com o modelo, a avaliação é feita pelo gestor da área e/ou pelo chefe imediato do empregado recém-contratado.

AVALIAÇÃO DE DESEMPENHO
PERÍODO EXPERIMENTAL

Nome do funcionário:..
Cargo/função: .... Registro nº ....
Área/Setor:.. .
Data de admissão: ...../...../...... Término da experiência: ...../...../.....

OBJETIVO DA AVALIAÇÃO

Esta primeira avaliação tem como objetivo iniciar um processo de observação e análise do desempenho profissional. Compete a você, enquanto avaliador, observar o desempenho do novo empregado, para verificar se ele está correspondendo ao esperado. Compete também a você identificar os procedimentos a serem adotados, caso o empregado tenha dificuldade em adaptar-se ao trabalho.

Avaliando corretamente, você terá condições de formar uma boa equipe de trabalho. Dê, portanto, ao recém-contratado as orientações e as condições necessárias para que ele possa desenvolver-se profissionalmente.

INSTRUÇÕES

1. Lembre-se de que ao avaliar você também estará sendo avaliado. Por isso, procure ser justo e o mais imparcial possível, assinalando a alternativa que melhor explique o desempenho atual do empregado que você está avaliando.
2. Sempre que julgar necessário, use o espaço reservado para observações.
3. Com base nesta avaliação, você pode solicitar a efetivação ou a demissão do novo empregado, ou então solicitar a prorrogação do prazo de experiência. Lembre-se de que toda autoridade deve ser exercida com responsabilidade.
4. Esta avaliação é a mais importante de todas, tanto para você quanto para o novo empregado. Por isso, sempre que julgar necessário, consulte a área de Recursos Humanos para obter outras orientações sobre como preencher este formulário.

1. ADAPTAÇÃO AO TRABALHO – Reação do recém-admitido ao tipo de trabalho. Comportamento e atitude do empregado com relação a normas e procedimentos da empresa.

- ☐ Mantém um comportamento oposto ao solicitado para o seu cargo e demonstra ter sérias dificuldades para cumprir as normas e procedimentos da empresa.
- ☐ Precisa modificar seu comportamento e suas atitudes para poder integrar-se ao trabalho e para seguir as normas da empresa.
- ☐ Tem feito o possível para cumprir as normas e regulamentos da empresa e, aos poucos, está se adaptando ao trabalho.
- ☐ Está plenamente identificado com as atividades do seu cargo e segue corretamente as normas e regulamentos da empresa.

Observações:

2. INTERESSE E INICIATIVA – Entusiasmo demonstrado perante o trabalho. Comportamento e atitude de quem quer cooperar

- ☐ É indiferente. Demonstra uma falta total de entusiasmo e interesse pelo trabalho.
- ☐ Ainda necessita de constante estímulo. Pouca iniciativa e entusiasmo.
- ☐ Iniciativa e entusiasmo adequados, considerando o seu pouco tempo de casa.
- ☐ Está vivamente interessado em seu novo emprego. Dedica-se ao trabalho com entusiasmo.

Observações:

3. RELACIONAMENTO SOCIAL – Maior ou menor facilidade de integração do empregado ao grupo de trabalho

- ☐ Sente-se perdido entre os colegas. Parece não ter sido aceito pelo grupo.
- ☐ Está, pouco a pouco, conseguindo integrar-se ao grupo, mas ainda tem dificuldade.
- ☐ Entrosou-se bem com a maioria. Aos poucos está sendo aceito pelo grupo.
- ☐ Tem habilidade para conseguir amigos. Mesmo com pouco tempo de casa, todos gostam dele.

Observações:

4. CAPACIDADE DE APRENDIZAGEM – Facilidade do empregado em perceber pontos importantes daquilo que lhe está sendo ensinado
☐ Tem dificuldade em compreender o que lhe é ensinado. Parece não ter a mínima capacidade para o trabalho. ☐ Está conseguindo aprender o que lhe foi ensinado à custa de grande esforço pessoal. É necessário dar-lhe a mesma orientação várias vezes. ☐ Parece adequado ao cargo para o qual foi contratado. Aprende suas tarefas sem grandes dificuldades. Acata bem toda a orientação que lhe é dada. ☐ Parece especialmente habilitado para o cargo em que está. A facilidade com que aprende seu trabalho permite-lhe executá-lo sem falhas.
Observações:

5. FALTAS E ATRASOS – Responsabilidade do recém-contratado quanto ao cumprimento de horário e da jornada de trabalho.
☐ Por motivos não justificáveis tem faltado ou deixado de cumprir o horário. ☐ É um pouco relapso quanto ao cumprimento da jornada de trabalho. ☐ Suas faltas e atrasos foram plenamente justificados. ☐ Não tem faltado e cumpre o horário corretamente.
Observações:

Parecer:
☐ Prorrogar experiência
☐ Efetivar
☐ Demitir

Justificativa:

Data: ___/___/___
Responsável pela Avaliação:

4.8 Avaliação dos Resultados

Devemos avaliar os resultados quantitativos e qualitativos do treinamento. Resultados quantitativos são mais fáceis de avaliar, pois podem ser medidos.

Resultados qualitativos, em muitos casos, podem também ser "medidos" e avaliados. Uma boa técnica consiste em transformar o que é qualitativo em quantitativo. Para tanto, podemos usar nas avaliações a escala **Likert.**

Rensis **Likert**, em 1932, elaborou uma escala para medir os níveis de reação dos entrevistados. As escalas de Likert, ou escalas somadas, requerem que os entrevistados indiquem seu grau de concordância ou discordância com declarações relativas à atitude que está sendo medida.

Atribuem-se valores numéricos e/ou sinais às respostas para refletir a força e a direção da reação do entrevistado à declaração. As declarações de concordância devem receber valores positivos ou altos, enquanto as declarações das quais discordam devem receber valores negativos ou baixos (Baker,1995).

Baker, Paul de. *Gestão ambiental: a administração verde.* Rio de Janeiro: Qualitymark, 1995.

As escalas podem ir, por exemplo, de 1 a 5, de 5 a 1, ou de + 2 a – 2, passando por zero. Mattar (2001) explica que a cada célula de respostas é atribuído um número que reflete a direção da atitude dos respondentes em relação a cada afirmação. A pontuação total da atitude de cada respondente é dada pela somatória das pontuações obtidas para cada afirmação.

O treinamento desenvolvido atingiu seus objetivos?

Instrução: marque com um X o que você considera mais próxima da realidade.

1	2	3	4	5
Discordo totalmente	Discordo	Não concordo nem discordo	Concordo	Concordo plenamente

Utilizando a escala Likert, obtemos índices que podem ser indicadores para avaliar e comparar resultados.

Outra forma é utilizar, ao mesmo tempo, os conceitos e as notas tradicionais de avaliação.

De acordo com nossas observações, alguns participantes preferem avaliar o curso utilizando conceitos, outros dão preferência às tradicionais notas de 1 a 10. Com base nessas observações, sugerimos a elaboração de formulário de avaliação no qual constem conceitos e notas, como apresentamos no modelo abaixo.

Assinale com um X o número que melhor expressa sua opinião.

péssimo	regular		bom			muito bom		ótimo	
1	2	3	4	5	6	7	8	9	10

Mas, atenção:
- **Efeito *Halo*:** Alguns participantes, ao avaliarem, dão preferência para as notas ou conceitos mais baixos. Outros preferem as notas ou conceitos mais altos. Essa preferência ou tendência é conhecida como Efeito *Halo*. Quando bem orientados, os participantes evitam o Efeito *Halo* e fazem avaliações mais corretas.
- **Tendência Central:** Alguns participantes têm a tendência de assinalar a chamada coluna do meio. Com a devida orientação, os participantes não se deixam influenciar pela Tendência Central e passam a fazer avaliações com mais critério.

4.8.1 Formulários para Avaliação de Resultados

Cada programa de treinamento deverá ter um formulário específico para avaliar seus resultados. Como regra, o formulário deve ter questões para verificar se os objetivos gerais e específicos do programa foram atingidos.

Portanto, quem for responsável pela elaboração do programa de treinamento deve, também, ser responsável pela elaboração do formulário de avaliação. Quando o treinamento é terceirizado, inclua a elaboração do formulário de avaliação no contrato de prestação de serviços.

Um procedimento bastante eficaz para a avaliação de resultados consiste na utilização de três formulários. O primeiro formulário deve ser preenchido pelo participante, no término do treinamento, e o segundo, após uma a seis semanas. O terceiro formulário deve ser preenchido pelo gestor, também, uma a seis semanas após o treinamento de seu auxiliar ou de sua equipe. Geralmente, o melhor resultado é obtido uma semana após o treinamento.

Os formulários apresentados a seguir têm como base nossa consulta ao estudo de caso preparado por Jeffrey Berk, vice-presidente de Produtos e Estratégia da Knowledge Advisors. O estudo de caso está publicado no livro *O valor estratégico dos eventos*: como e por que medir ROI, de Jack J. Phillips, Mônica Myhill & James B. Donough (tradução de Ana Paula Garcia Spolon, São Paulo: Aleph, 2008).

Formulário 1/3

AVALIAÇÃO DE RESULTADOS
Autoavaliação a ser feita pelo participante, logo após o treinamento

Programa: ....

Participante: .... Data: ..../......./...........

Eficiência de aprendizado
1. De tudo o que foi ensinado, quanto você aprendeu?
( ) 0% ( ) 10% ( ) 20% ( ) 30% ( ) 40% ( ) 50% ( ) 60% ( ) 70% ( ) 80% ( ) 90% ( ) 100%

Impacto no trabalho
2. Qual o percentual de novos conhecimentos e habilidades adquiridas você acredita que conseguirá aplicar diretamente em seu trabalho?
( ) 0% ( ) 10% ( ) 20% ( ) 30% ( ) 40% ( ) 50% ( ) 60% ( ) 70% ( ) 80% ( ) 90% ( ) 100%

3. Em uma escala variável entre 0 % (nem um pouco) e 100 % (extremamente), quão importante é, para o sucesso do seu trabalho, aplicar o conteúdo deste treinamento?
( ) 0% ( ) 10% ( ) 20% ( ) 30% ( ) 40% ( ) 50% ( ) 60% ( ) 70% ( ) 80% ( ) 90% ( ) 100%

Resultados do negócio
4. A partir de agora, e considerando todos os fatores, inclusive este treinamento, quanto o seu desempenho e produtividade no trabalho podem melhorar?
( ) 0% ( ) 10% ( ) 20% ( ) 30% ( ) 40% ( ) 50% ( ) 60% ( ) 70% ( ) 80% ( ) 90% ( ) 100%

Formulário 2/3

AVALIAÇÃO DE RESULTADOS
Autoavaliação a ser feita pelo participante, de uma
a seis semanas após o treinamento

Programa: ....

Participante: .... Data: ....../....../...........

Impacto no trabalho

1. Qual percentual do seu tempo de trabalho foi gasto em tarefas que pedem a aplicação de conhecimentos e habilidades que você adquiriu no treinamento de que participou?
( ) 0% ( ) 10% ( ) 20% ( ) 30% ( ) 40% ( ) 50% ( ) 60% ( ) 70% ( ) 80% ( ) 90% ( ) 100%

2. Em uma escala variável entre 0 % (nem um pouco) e 100 % (extremamente crítico), quão importante é, para o sucesso do seu trabalho, aplicar o conteúdo do treinamento de que você participou?
( ) 0% ( ) 10% ( ) 20% ( ) 30% ( ) 40% ( ) 50% ( ) 60% ( ) 70% ( ) 80% ( ) 90% ( ) 100%

Resultados do negócio

3. Qual percentual de conhecimentos e habilidades adquiridas no treinamento você aplica em seu trabalho?
( ) 0% ( ) 10% ( ) 20% ( ) 30% ( ) 40% ( ) 50% ( ) 60% ( ) 70% ( ) 80% ( ) 90% ( ) 100%

4. Estime a melhoria que pode ser considerada resultado direto do treinamento de que você participou.
( ) 0% ( ) 10% ( ) 20% ( ) 30% ( ) 40% ( ) 50% ( ) 60% ( ) 70% ( ) 80% ( ) 90% ( ) 100%

Formulário 3/3

AVALIAÇÃO DE RESULTADOS
Avaliação a ser feita pelo gestor do(s) treinando(s),
de uma a seis semanas após o treinamento

Programa: ....

Participante: .... Data: ....../....../...........

Eficiência do Programa

1. Estime a melhoria que pode ser considerada resultado direto do treinamento realizado.
( ) 0% ( ) 10% ( ) 20% ( ) 30% ( ) 40% ( ) 50% ( ) 60% ( ) 70% ( ) 80% ( ) 90% ( ) 100%

2. Que indicador(es) foi(foram) utilizado(s) para avaliar o resultado do treinamento? Qual foi o resultado?

De acordo com o objetivo que se pretende alcançar, pode-se utilizar um, dois ou os três formulários. O título dos formulários pode variar. Pode ser: AVALIAÇÃO DE RESULTADOS ou AVALIAÇÃO DA EFICÁCIA.

4.9 Avaliação do Retorno do Investimento (ROI)

> O ponto de partida do uso de métricas para orientar melhorias de desempenho é ter um nível de desempenho-alvo para cada métrica.
> (Michael Hammer)

O ROI é considerado o processo mais eficaz para medir o resultado do investimento em treinamento.

Estrategicamente, podemos ter dois procedimentos: utilizar o ROI para medir todas as atividades de treinamento ou utilizá-lo para medir alguns programas selecionados, por serem mais importantes ou por receberem maior investimento.

A primeira providência para se calcular o ROI é fazer um levantamento dos custos. Para tanto, a empresa deve ter um plano de contas e, sempre que possível, um programa informatizado, que facilite a coleta de dados e informações sobre os custos do treinamento.

Aqui também podemos ter dois procedimentos:
a) O primeiro é levantar todos os custos diretos e indiretos que estejam relacionados com as atividades de treinamento. É relativamente fácil obter os dados na "contabilidade", quando a empresa é organizada por "centros de custo". Nesse caso, pode-se chegar a detalhes calculando, por exemplo, as horas "não trabalhadas" dos treinandos, os salários dos profissionais de RH/T&D e todos os outros custos da área – total ou rateado.
b) A segunda opção é considerar somente os custos diretos. Esse procedimento é facilmente viabilizado, principalmente quando a empresa terceiriza o treinamento. Nesse caso, a planilha de custos do treinamento pode ter os seguintes itens:

- pagamento a terceiros, pelos serviços referentes ao desenvolvimento do treinamento etc.;
- pagamento de despesas com transporte e hospedagem etc.;
- pagamento de despesas com recursos de instrumentação.

Deve-se esclarecer que a melhor planilha é aquela que atende às necessidades e aos objetivos da empresa.

A segunda providência para calcular o ROI é calcular os benefícios do treinamento. Os benefícios precisam ser calculados em reais, o que muitas vezes é complexo. Por exemplo, antes do treinamento ocorriam dez acidentes e após o treinamento somente dois. Qual o valor estimado do benefício representado pela diminuição de oito acidentes? É até possível calcular as horas paradas e os custos com reparos e despesas com o empregado acidentado. Mas como medir os muitos outros benefícios provocados pela redução de acidentes?

Outra dificuldade está em verificar até que ponto o treinamento é responsável pelos resultados alcançados. Por exemplo, após o treinamento dos vendedores houve aumento nas vendas – vendeu-se R$ 100.000,00 a mais. Acontece que, na mesma ocasião, foi feito outro investimento em "promoção de vendas" ou então o maior concorrente faliu. Nesse caso, podemos considerar o aumento das vendas como resultado exclusivo do treinamento?

Para solucionar essas dificuldades temos que optar:

1º) Pela Avaliação de resultados qualitativos e quantitativos.

Podemos, por exemplo, considerar como resultado "quantitativo" do treinamento, o índice de 80% na redução de acidentes. Como resultado "qualitativo" podemos citar a melhoria da imagem da empresa, a satisfação dos empregados e muitos outros benefícios.

2º) Pelo ROI

Se a intenção das empresas for realmente avaliar o retorno do investimento, convém consultar os gestores da empresa e os treinandos para identificar com maior precisão o que gerou os resultados.

Para isolar os efeitos do treinamento, podemos utilizar os seguintes métodos:

Grupos de controle: A abordagem mais precisa para isolar o impacto de um treinamento é o uso de grupos de controle. Esta abordagem envolve a comparação entre um grupo que participa do treinamento e um grupo de controle, que não participa do treinamento.

Linha de Tendência: O método consiste na representação gráfica de uma linha de tendência para projetar o futuro, usando dados históricos de desempenho como base. Depois que o evento acontece, o desempenho em relação ao que havia sido desenhado na linha de tendência pode ser atribuído ao treinamento, de uma forma bastante sensata.

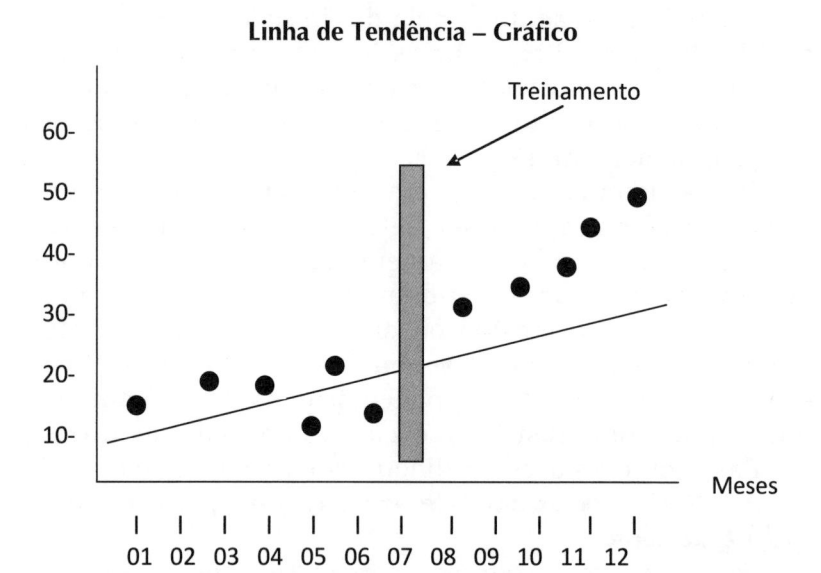

Linha de Tendência – Gráfico

Estimativa: O método mais comum para isolar os efeitos de um treinamento é o uso de estimativas. Para usar corretamente este método, é preciso assegurar que o isolamento dos dados seja feito com base na fonte mais confiável possível, que é quase sempre o participante. Os gestores envolvidos no processo, especialistas e clientes externos também podem ser consultados. Para maior objetividade na apuração dos resultados do treinamento e de suas causas, é recomendável fazer uma reunião com todos os envolvidos no processo, para se chegar a um consenso sobre o retorno do investimento.

Na reunião, pode ser utilizada uma planilha semelhante ao modelo seguinte:

AVALIAÇÃO DO RETORNO DO INVESTIMENTO EM TREINAMENTO		
Após o treinamento dos vendedores, registramos um aumento de 10% nas vendas, equivalente a R$ 100.000,00. Você atribui esse resultado ao treinamento e/ou a outros fatores?		
Fatores que influíram nos resultados		**%**
1. Treinamento		
2.		
3.		
Parecer:	**Total**	100%

Leia, no texto a seguir, o que nos ensina o dr. Jac Fitz-enz sobre o princípio *ceteris paribus*, que devemos considerar quando avaliamos o resultado do treinamento.

O Ônus da Prova

O objetivo de um esforço de avaliação, válido e confiável, que atribui um valor específico ao resultado de um programa de treinamento é simplesmente este: demonstra que há uma provável correlação entre o evento de treinamento e uma subsequente mudança de qualidade, produtividade, vendas ou serviço.

A metodologia deveria implicar o seguinte: "Dadas as condições estabelecidas, e assumindo que os outros fatores são iguais, o efeito observado é, muito provavelmente, resultado do treinamento".

Antes de começar a censurar previamente o assunto, observe que o princípio de *ceteris paribus* (todo o resto sendo igual) é a fundamentação básica para todas as tentativas de "prova". E é precisamente a pressuposição que sustenta todos os planejamentos de negócios e sua consequente avaliação.

(Excerto de artigo da revista *Training Magazine – Yes... You Can Weight Training's Value*, do dr. Jac Fitz-enz, 1994.)

Após isolar os efeitos do treinamento, o ROI pode ser calculado da seguinte forma:

ROI
- Calcular os benefícios do treinamento.
- Calcular os custos.
- Subtrair os custos dos benefícios.
- Dividir o benefício líquido pelo custo.

(Fonte: American Society for Traiwning and Development – ASTD.)

Exemplo:
Benefício: R$ 100.000,00
Custo: R$ 25.000,00
Benefício Líquido: R$ 75.000,00
ROI: 3
Conclusão: para cada real investido no treinamento, houve um retorno líquido de R$ 3,00
(Para expressar o ROI em percentual, multiplique o resultado desta fórmula por 100)

"A menor rota para o ROI é o ROO"
ROI – *Return On Investment* – ROO – *Return On Objectives*

Em 1989, Paul Pednault, presidente da Sponsorium International Inc, criou um indicador de *performance* que em 1994, por sugestão da Alcan Alumínio (seu cliente), foi disponibilizado ao mercado com o nome de PerforMind™.

Em 1999, o Hurwitz Group criou a métrica chamada ROO – *Return On Opportunity* – com o propósito de estender e complementar a métrica ROI tradicional.

Para a Golden Goal, representante da PerforMind™, a menor rota para atingir o Retorno Sobre o Investimento (ROI) é através do Retorno sobre Objetivos (ROO).

O ROO está sendo utilizado internacionalmente por diversas organizações da área de patrocínio esportivo e entretenimento, mas seu conceito básico pode, sim, ser utilizado para medir resultados de treinamento.

Para utilizar o ROO na avaliação de resultados de treinamento, deve-se partir dos indicadores relacionados com os objetivos gerais e específicos dos programas de T&D. Por exemplo:

(continua)

(continuação)

> a) Se o treinamento for sobre segurança, o indicador poderá ser o número de acidentes ocorridos antes e depois do treinamento.
> b) Se o treinamento for sobre qualidade, o indicador poderá ser o número de não conformidades, ou o número de reclamações antes e depois do treinamento.
>
> Atualmente, as grandes consultorias internacionais já catalogaram mais de 700 indicadores para mensurar os resultados de treinamento. Mas, é conveniente lembrar a questão da objetividade. Vale mais utilizar poucos indicadores, mas que sejam os mais precisos possíveis. Ao utilizar o ROO para medir o retorno do treinamento, é aconselhável utilizar de três a cinco indicadores.
>
> Veja, por exemplo, o seguinte caso:
> Para avaliar determinado treinamento, chegou-se à conclusão de que os melhores indicadores / objetivos seriam os seguintes:
> **Produtividade** – Aumentar a produtividade
> **Clima organizacional** – Melhorar a satisfação do pessoal da empresa
> **Reclamações** – Diminuir o número de reclamações
> O indicador – Produtividade – é um indicador financeiro muito apropriado para nos mostrar, em reais, se haverá retorno do investimento. Pode, portanto, ser medido pelo ROI. Por sua vez, os indicadores – Clima Organizacional e Reclamações – são quantitativos e qualitativos, e podem ser medidos pelo ROO.

A alta direção e os gestores das diversas áreas da empresa darão suporte para a implementação do ROI, quando perceberem a importância estratégica dos dados que podem ser obtidos por este método de mensuração. Há determinados treinamentos cujos resultados podem ser observados durante períodos relativamente longos. É, portanto, importante considerar essa possibilidade ao avaliar os resultados.

De acordo com a norma ISO 10015, a Avaliação dos Resultados do Treinamento é o quarto estágio do Ciclo do Treinamento. O melhor retorno do investimento em treinamento depende, portanto, do correto desenvolvimento dos estágios anteriores.

4.10 Outros Métodos, Técnicas e Recursos para Avaliar

Existem outros procedimentos para se avaliar resultados do treinamento. O importante, como sempre, é identificar a melhor forma para avaliar determinado treinamento.

Veja, a seguir, a descrição sucinta de outros métodos, técnicas e recursos que podem ser utilizados para avaliar a eficiência e a eficácia do treinamento.

1. Entrevistas: A entrevista, quando bem conduzida, permite o levantamento de informações e dados bem próximos da realidade. O entrevistador, sabendo ouvir, observar, perguntar e interpretar consegue identificar, com grande precisão, as falhas e os resultados do treinamento desenvolvido.

Um formulário apropriado deve ser utilizado para registrar os dados coletados durante a entrevista.

AVALIAÇÃO DE RESULTADOS DE TREINAMENTO
Participante entrevistado:
Entrevistador: Data: / /

2. Questionários e testes objetivos: Possibilitam a mensuração da aprendizagem, identificando-a por números (percentuais de acertos etc.). Questionários ou testes objetivos devem ser elaborados com muita criatividade e com a utilização das seguintes técnicas:

Perguntas abertas: De acordo com Maria Helena Schaan (2001), perguntas abertas são aquelas que permitem ao informante responder livremente, usando linguagem própria e emitir opiniões. Possibilitam investigações mais profundas e precisas. Uma limitação ao uso desse tipo de pergunta é a dificuldade do próprio informante em redigir a resposta, quando isso lhe é difícil. Outra dificuldade é a análise dessas perguntas, que se torna mais complexa, difícil e demorada.

Por questão prática, deve-se evitar o uso exagerado desse tipo de pergunta. Contudo, utilize-as quando os participantes tiverem bom nível profissional e, portanto, muito a contribuir.

Por exemplo: "Após participar deste treinamento, o que você pretende obter como resultado?"

Perguntas de múltipla escolha: São perguntas que apresentam, em média, de duas a cinco possíveis respostas. São as mais utilizadas, por serem facilmente tabuláveis, o que facilita a análise da avaliação dos resultados.

Por exemplo: Dom Pedro I popularizou-se quando
( ) eliminou a concorrência.
( ) saturou a paciência.
( ) incentivou a ciência.
( ) proclamou a Independência.

Ao elaborar uma pergunta de múltipla escolha, é preciso dar atenção especial à escolha das alternativas. Deve-se evitar que a alternativa correta tenha uma redação "mais longa" do que as demais.

Associações: Consiste no relacionamento de duas ou mais informações.

Por exemplo: Relacione a pergunta à esquerda com a técnica à direita.

Questões dicotômicas: São as perguntas com duas respostas possíveis: sim/não, certo/errado, falso/verdadeiro.

Por exemplo: Indique com V as afirmações verdadeiras e com F as falsas.
( ) A pergunta de investigação é utilizada para realizar venda adicional.
( ) A pergunta de localização é utilizada para identificar o que o cliente deseja.

( ) A pergunta de sondagem é feita para verificar se o cliente está aceitando nossa argumentação.
( ) A pergunta de fechamento é feita para agilizar a conclusão da venda.
( ) O vendedor não deve fazer perguntas ao cliente.

Completar frases: Recurso muito utilizado para avaliar conhecimento referente a conceitos.

Por exemplo: Complete as frases abaixo com as palavras **eficiente** e **eficaz:**

Ser................ é desenvolver corretamente uma atividade.
Ser................ é obter resultados.

3. Autoavaliação: Recorrer ao método da autoavaliação é um procedimento com sólida fundamentação. Quando o treinando é solicitado a avaliar-se, especialmente no que se refere ao progresso que experimentou pós-treinamento, na maioria das vezes a tendência é dar uma resposta séria, o que propicia a obtenção de informações valiosas para a composição do panorama de resultado das práticas de treinamento.

É importante estar claro, desde o início do processo, quais os objetivos a serem alcançados com a ação do treinamento.

4. Instrução programada: Metodologia consagrada para combinar aprendizado com *feedback* imediato, proporciona ao treinando a oportunidade de acompanhar a própria evolução, sem a orientação do instrutor.

Essa é uma técnica antiga e relativamente cara, consistindo em um meio de autoestudo, geralmente com textos seguidos por perguntas cujas respostas orientam o progresso e/ou a necessidade de retomar algum ponto para ser estudado novamente.

Atualmente, a indústria da informática vem utilizando muito esse recurso como forma de massificar mais rapidamente o domínio dos seus *softwares* e *hardwares*.

Como resultado, o treinando obtém um f*eedback* imediato sobre o seu grau de aprendizagem, cuja evolução e intensidade podem ser monitoradas pelo gestor de T&D. Por sua vez, essa técnica é estimulante: o treinando "compete" com ele mesmo e é desafiado a escolher as respostas corretas.

Os programas de *e-learning*, na sua maioria, utilizam metodologia semelhante à Instrução Programada.

5. Pré e pós-teste: Da tecnologia educacional podemos extrair o recurso da aplicação de pré e pós-testes, meios de avaliação muito eficazes.

Prepare uma bateria de testes de investigação cognitiva com base nos conteúdos do programa de treinamento; aplique-a na abertura e no encerramento dos treinamentos, divulgando rapidamente os resultados. Neste momento, estará se satisfazendo uma das premissas do processo de Avaliação de Resultados, embora no nível de retenção, pura e simples. Poderão ser extraídos desses testes dados e indicadores que serão abordados no relatório de finalização.

O pré e pós-teste podem ser usados como evidência objetiva. Em 4.18.2 da ISO/TS 169469 consta o seguinte: "A eficácia do treinamento pode ser revisada na prática por vários métodos, como pré e pós-teste". A QS 9000 declara o mesmo no item 4.18.1.

Um gráfico dos resultados do pré e do pós-treinamento pode ser incluído no relatório formal de avaliação dos resultados do treinamento. Para completar o relatório, é bom incluir comentários e observações, para evidenciar os resultados atingidos.

4.11 Relatório de Avaliação dos Resultados de Treinamento

É preciso que toda a gama de informações sobre treinamento seja conhecida pelas pessoas comprometidas com os resultados das avaliações: diretoria, gestores, treinandos, a própria equipe de treinamento e outros.

A divulgação da avaliação do treinamento e do desempenho do treinando é mais eficaz quando feita por relatórios.

No caso específico do exemplo dado a seguir, optamos por enviar aos participantes do *workshop* um relatório com a tabulação dos conceitos e notas atribuídas por eles, bem como seus comentários.

Para maior clareza, foram feitas as correções dos erros de redação. Essa correção é considerada "boa técnica", desde que não manipule o comentário do participante.

Comentários negativos também devem ser transcritos. Afinal, um dos grandes objetivos da avaliação é conhecer suas falhas, para que possamos corrigi-las.

É importante salientar a importância da divulgação, como ferramenta para motivar o participante. Ao receber o relatório da avaliação feita pelo seu grupo, o participante sente-se prestigiado e motivado para aplicar o que aprendeu.

É conveniente elaborar relatórios finais sobre todos os programas de treinamento desenvolvidos.

Nos relatórios de Avaliação de Resultados, sempre que possível, devem constar os seguintes dados:
- Dados e informações sobre o custo/benefício do treinamento realizado;
- Cálculo de ROI, seguido da análise do índice apurado;
- Índices e indicadores utilizados para comprovar e medir os resultados obtidos;
- "Histórico" do ocorrido antes, durante e após o treinamento. Como sabemos, muita coisa pode ocorrer nesse período. Por exemplo, o gestor dos treinandos pode ter sido demitido alguns dias antes do treinamento ter área de *Marketing*, lançado uma campanha que foi um sucesso; enfim, variáveis incontroláveis e controláveis interferiram direta e indiretamente no resultado do treinamento. E isso precisa ser relatado.

Veja, a seguir, modelo de relatório utilizado para divulgar a avaliação de reação.

RELATÓRIO DE AVALIAÇÃO
Workshop: Em busca da eficácia em treinamento

Tabulação: 10 participantes
Muito bom: 80%
Ótimo: 20%

Média aritmética: 8,9 – Muito bom

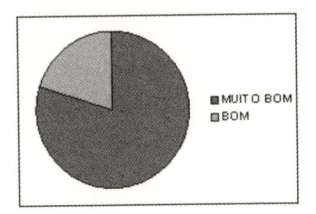

Justificativas:

10 – Ótimo
Atingiu o objetivo proposto. Clareou, de forma simples e objetiva, o que parecia uma *"caixa preta"*. O que parecia impossível agora vejo que é possível e, de certa forma, simples.

10 – Ótimo
Atendeu minhas expectativas, que eram conhecer a ISO 10015 e buscar instrumentos para iniciar o processo de avaliação de resultados.

9 – Muito bom
Atendeu minha necessidade sobre como elaborar *Avaliação de Aplicabilidade*, que é o meu foco, para esse momento.

9 – Muito bom
O treinamento trouxe-me diretrizes, mostrando caminhos que devo seguir. Foi muito bom. Agora tenho bases para começar certo meu trabalho.

9 – Muito bom
Foi extremamente eficaz e esclarecedor, com relação à norma ISO 10015 e suas aplicações em treinamento. Quanto às *Avaliações*, foi muito rico em detalhes e muito prático. A integração do grupo foi ótima. Parabéns pela atuação profissional de todos vocês.

9 – Muito bom
Gostei muito. Foi um treinamento vivencial com troca de experiências e conhecimentos que enriqueceram todo o grupo. Meus objetivos relacionados ao treinamento foram atingidos. Espero continuar em contato com vocês e participar de outros cursos. Grata.

9 – Muito bom
Ficaram bem claros os pontos da norma, possibilitando efetuar melhorias no processo de treinamento, desde o planejamento até as avaliações. Os exercícios e a vivência das outras empresas ajudaram a entender a teoria.

(continua)

(continuação)

8 – Muito bom
Clareou. Sanou. Modificou. Viabilizou. Inovou.
8 – Muito bom
O treinamento foi muito bom, pois tive ideias de como colocar os conceitos aqui aprendidos na realidade da *"minha"* empresa.
8 – Muito bom
O treinamento foi bastante esclarecedor. A todo tempo pudermos relacionar com situações reais vivenciadas diariamente. Percebemos muita propriedade nos assuntos abordados, o que nos transmite segurança e facilita o processo ensino-aprendizagem.

Parecer do coordenador:
A integração do grupo muito facilitou a troca de experiências. Os participantes demonstraram possuir um nível de conhecimento acima do esperado, o que facilitou o desenvolvimento do programa. A experiência e o conhecimento dos participantes é suficiente para que iniciem o processo de implementação da ISO 10015. A maior dificuldade que poderão enfrentar diz respeito ao processo de identificação das *Competências Essenciais*. Esse processo, conforme a boa técnica, deverá ser desenvolvido a nível estratégico, com a participação dos gestores da organização.

Sebastião Guimarães
Facilitador e Coordenador de Treinamento

4.12 Avaliação do Treinamento: Procedimento Padrão

De acordo com a norma ISO 10015, "a finalidade da avaliação é confirmar que ambos, os objetivos da organização e do treinamento, foram alcançados, ou seja, o treinamento foi eficaz" (2001, p. 7).

1. Antes do treinamento: Com base no programa a ser desenvolvido, devem-se identificar os resultados esperados, bem como os indicadores e recursos que serão utilizados para avaliá-los. Esta ação deve ser desenvolvida pelo coordenador do processo de avaliação, com a participação efetiva do(s) gestor(es) da(s) área(s) dos treinandos. É importante contar com a participação dos profissionais de RH da empresa, nesta e em todas as outras fases do procedimento. Antes do treinamento, deve-se fazer um esboço dos recursos que serão utilizados para avaliar o treinamento. Elabore, também, as planilhas necessárias para a coleta de dados referentes aos indicadores que serão utilizados.

2. No início do treinamento: O instrutor ou profissional, devidamente preparado, deverá informar os treinandos sobre os resultados esperados. Informe-os, também, sobre os indicadores e recursos que serão utilizados para avaliar os resultados do treinamento.

3. Durante e após o treinamento: Quando recomendável, deve-se fazer, durante ou após o treinamento, a Avaliação de Aprendizagem. E de acordo com a boa técnica, faça a Avaliação de Reação ao final do treinamento. Quando oportuno, os dados tabulados dessa avaliação, com o "parecer" do instrutor ou do coordenador do curso, devem constar do relatório final de avaliação.

4. Avaliação de resultados: No período estabelecido pelo coordenador do processo de avaliação, deve-se realizar a Avaliação de Mudança de Comportamento e a Avaliação de Resultados, utilizando os indicadores e recursos previamente definidos. Podem ser avaliados resultados qualitativos e quantitativos, de acordo com o escopo do programa de treinamento. Na avaliação de resultados deverão ser envolvidos os treinandos, os seus gestores, o docente e o coordenador do curso, se houver.

5. Relatório final: O relatório final deve ser elaborado pelo coordenador do processo de avaliação. O relatório de avaliação pode incluir o seguinte:
- análise dos dados coletados e interpretação dos resultados;
- análise crítica dos custos do treinamento;
- conclusões e recomendações para melhoria.

O relatório deverá ser enviado, para conhecimento e análise, a todos os envolvidos no processo. De acordo com a ISO 10015, "a ocorrência de não conformidade pode requerer procedimentos de ações corretivas" (2001, p. 8).

Questões sobre o Capítulo

1) Explique os fundamentos da avaliação de treinamento de pessoal.
2) Quais são os objetivos da avaliação?
3) Preencha o quadro abaixo, de acordo com os conceitos apresentados no capítulo.

Tipo de avaliação	O que é	Frequência que é utilizada nas empresas
Retorno do investimento		
Avaliação de resultados		
Avaliação de mudança de comportamento		
Avaliação da aprendizagem		
Avaliação de reação		

4) Explique quais são e para que servem os indicadores de avaliação.
5) Como é o procedimento padrão para a avaliação de um treinamento?
6) Quais instrumentos de avaliação de treinamento você conhece ou já teve contato?
7) Atividade em equipe: Análise crítica de formulários de avaliação de treinamentos. Cada equipe deverá selecionar um dos grupos de formulários a seguir:
- Grupo 1 – Avaliação da reação
- Grupo 2 – Avaliação da aprendizagem
- Grupo 3 – Avaliação da mudança de comportamento
- Grupo 4 – Avaliação dos resultados

Em seguida, cada equipe deverá:
a) Estudo em equipe: Fazer uma análise crítica dos formulários utilizados para avaliar a reação, a aprendizagem, a mudança de comportamento e os resultados dos treinandos, conforme o grupo de formulário selecionado, identificando "erros e acertos" na elaboração dos formulários.
b) Apresentação das conclusões: O grupo deverá comentar os "erros e acertos", e dar sugestões sobre como elaborar avaliações que sejam eficientes e eficazes.

Grupo 1 – Avaliação da Reação

Formulário A: Elaborado para avaliar um curso de "Administração do Tempo".

Instruções: Em cada questão, assinale uma das opções abaixo.

Concordo totalmente	Concordo parcialmente	Discordo parcialmente	Discordo totalmente
1	2	3	4

Programação e Desenvolvimento

	1	2	3	4
1. Compreendi o programa abaixo:				
O impacto da compreensão do conceito de tempo nas relações de trabalho e na qualidade de vida.				
O equilíbrio emocional e gerenciamento do tempo: Tempo *Chronos* e Tempo de *Kairos*.				
Como você se relaciona com o seu tempo: desenvolvendo uma visão crítica a partir da análise de sua rotina e de seus papéis.				
Ansiedade generalizada e estresse: como a pressa e a ansiedade podem interferir na gestão do seu tempo.				
Definindo prioridades: o equilíbrio entre as atividades urgentes e importantes.				
Passo a passo do gerenciamento do tempo.				
Desperdiçadores de tempo: diagnóstico e sugestões de melhorias.				
Desperdiçadores de tempo no trabalho: como lidar com a desordem, o excesso de *e-mails* e as reuniões improdutivas.				
Disciplina: promovendo mudanças de atitudes.				
2. A carga horária destinada ao programa foi adequada.				
3. Houve equilíbrio dos aspectos conceituais e aplicação prática.				
4. O material didático utilizado foi adequado e de boa qualidade.				
5. Os exercícios estavam alinhados com as necessidades da unidade.				
6. O programa atingiu seus objetivos.				

Nome do docente: _____

	1	2	3	4
1. O docente tem domínio do assunto				
2. Há clareza na exposição dos assuntos e interação nas aulas.				
3. O docente consegue esclarecer as dúvidas.				
4. O docente mantém os participantes atentos.				
5. Há um bom relacionamento com a turma.				
6. O tempo disponível é bem utilizado.				

Outros comentários ou sugestões: ....

....

....

....

Agradecemos a participação!

Nome: _____ **Data:** _____

Formulário B: Elaborado para uma rede de restaurantes.

```
Participante:
Treinamento:
Data:
Horário do treinamento:
Carga horária:
Restaurante onde trabalha:
Horário de trabalho:
Cidade:
Instrutor:
```

Buscando a melhoria contínua dos nossos processos de trabalho, gostaríamos de saber sua opinião sobre alguns aspectos do treinamento de que você participou. Para isso, assinale com um X no espaço apropriado, para indicar seu nível de satisfação em relação aos itens abaixo:

Sua opinião é muito importante!

	Itens avaliados	Ótimo	Bom	Regular	Insatisfatório
1	Instalação/ ambiente				
2	Material didático (apostila, filmes, textos, crachá)				
3	Recursos audiovisuais (TV, DVD, Retroprojetor, *Datashow*)				
4	Horário do treinamento				
5	Tema abordado				
6	Tempo destinado ao tema				
7	Clareza e objetividade do instrutor				
8	Comunicação e interação do instrutor com o grupo				
9	Aplicação dos conhecimentos obtidos no treinamento no desempenho da sua função				

Destaque dois pontos positivos do treinamento:

Destaque dois pontos que podemos melhorar no treinamento:

Sinta-se à vontade para emitir sugestões e críticas:

Formulário C: O modelo de avaliação a seguir é um recurso para medir a satisfação do treinando baseado no *Net Promoter Score* – NPS – que utiliza apenas uma única pergunta e uma escala para respostas que vai de zero a dez. Na escala, zero corresponde a "absolutamente improvável" e dez a "extremamente provável".

Para calcular o índice NPS, é preciso identificar os "promotores" e os "detratores". O cálculo é simples:

1. Calcule o porcentual de "promotores", cujas respostas à pergunta são de nove ou dez, e dos "detratores", cujas respostas vão de zero a seis.
2. Subtraia o percentual de "detratores" do percentual de "promotores". O resultado é o índice do indicador, que tem como objetivo orientar o processo de melhoria dos programas de treinamento de recém-contratados e de todos aqueles que são desenvolvidos pelos profissionais de RH ou por especialistas da organização.

De acordo com estatísticas, o NPS médio é de 16% e os melhores resultados são de 75% a mais de 80%.

(Fonte: Reicheld, Frederick F. O único indicador a melhorar. *Harvard Business Review*, ago. 2012, p. 77-85.)

AVALIAÇÃO

Curso: Integração de Recém-contratados

Período: ___/ ___ / _____ a ___/ ___ / _____

Qual é a probabilidade de você recomendar esse curso a um amigo ou colega?

Assinale com um X o número que melhor expressa sua resposta, considerando que zero corresponde a "absolutamente improvável" e 10 a "extremamente provável".

0	1	2	3	4	5	6	7	8	9	10

Participante:

Grupo 2 – Avaliação da Aprendizagem
Formulário A: Elaborado para uma indústria de baterias.

Treinamento:
Entidade responsável pelo treinamento:
Participante:

Avaliação pré-treinamento (Preencher antes da realização do treinamento)

Qual é o seu grau de conhecimento sobre o assunto que será abordado?

O que espera obter deste treinamento?

Foi esclarecido a você o motivo de sua presença neste treinamento?

Avaliação pós-treinamento (Preencher após realização do treinamento)

Qual o grau de contribuição que o conteúdo deste treinamento trouxe para seu trabalho?

Quais as informações mais úteis que você recebeu e como pretende colocá-las em prática?

Comentários e sugestões:

Formulário B: Elaborado para um treinamento de psicologia e técnicas de vendas.

1. "Pela habilidade para lidar com pessoas pagarei mais do que qualquer outra habilidade imaginável."
   Ao pronunciar a frase acima, John D. Rockefeller valorizou:
   ( ) O ótimo técnico do profissional.
   ( ) O ótimo social do profissional.
   ( ) O ótimo técnico e o ótimo social.

2. Complete as frases abaixo com as palavras VANTAGEM e CARACTERÍSTICA.
   a) _____ é o argumento que explica o benefício que o cliente terá.
   b) _____ refere-se aos dados técnicos, à composição e a tecnologia do produto.
   c) O argumento _____ justifica o argumento _____
   d) O argumento _____ é o mais eficaz.

3. O comprador deve achegar à seguinte conclusão:
   ( ) O vendedor me empurrou este produto.
   ( ) O vendedor convenceu-me a levar este produto.
   ( ) Comprei o produto de que realmente precisava.
   ( ) O produto que comprei é BB – Bom e Barato.

4. Estrategicamente falando, o que é mais importante?
   ( ) Manter clientes satisfeitos.
   ( ) Conquistar novos clientes.
   ( ) Manter e conquistar clientes.

5. A comunicação mais eficaz é a:
   ( ) Verbal
   ( ) Não verbal

6. Relacione a expressão à esquerda com a técnica mencionada à direita:

( ) O preço está ótimo, custa apenas...
( ) ... Sim... Mas...
( ) Leve mais dois. A caixa fechada tem doze unidades.
( ) Leve este: garanto que ficará satisfeito.
( ) ... e nossa linha de suprimentos... você já conhece?

a) Técnica de remoção de obstáculos.
b) Motivação inicial.
c) Fechamento por comando.
d) Venda adicional por sugestão.
e) Venda adicional por investigação.

Formulário C: Elaborado para avaliação de treinamento sobre operação com ponte rolante.

1. Qual é a diferença entre ponte rolante e talha?

2. O funcionário que está habilitado a operar ponte rolante pode operar com talha? Os treinamentos são iguais? Explique.

3. Cite:
   a) Um risco de acidente:
   b) Um perigo de acidente:
   c) Uma causa de acidente:

4. Descreva, com suas palavras, como a ponte rolante deve ser operada.

5. Você gostaria de dar alguma sugestão de melhoria com relação ao treinamento?

Participante:
Área:
Data:

Grupo 3 – Avaliação da Mudança de Comportamento
Formulário A: Elaborado para empresa de calçados de segurança.

Funcionário:
Registro:
Setor:
Avaliador:

Objetivo: Valorizar a eficiência e comprometimento de cada funcionário do setor administrativo, avaliando sua produtividade, qualidade, comprometimento, iniciativa, atendimento a cliente e 5S.

Avalie junto com o funcionário e devolva este formulário para o Departamento Pessoal até o dia 25 de cada mês para as devidas providências e arquivo.

ITENS AVALIADOS
1. Rendimento e qualidade no trabalho (ponderação máxima 30%) ( ) ótimo 30% ( ) bom 23% ( ) regular 18%
2. Pontualidade e dedicação (ponderação máxima 15%) ( ) ótimo 15% ( ) bom 10% ( ) regular 7%
3. Criatividade e iniciativa (ponderação máxima 20%) ( ) ótimo 20% ( ) bom 16% ( ) regular 12%
4. Atendimento (ponderação máxima 25%) ( ) ótimo 25% ( ) bom 21% ( ) regular 16%
5. O maior índice de 5S (ponderação máxima 10%) ( ) ótimo 10% ( ) bom 8% ( ) regular 6%
PONTUAÇÃO:

Assinatura do avaliado:
Assinatura do avaliador:

Gestão Estratégica de Pessoas

Formulário B: Elaborado para um curso de Administração do Tempo (Academia do Tempo).

Participante:
Data de realização:

Assinale com um X as questões abaixo que, em sentido genérico, refletem seu comportamento atual:

1. Você costuma aceitar novas tarefas e responsabilidades, mesmo quando sua agenda está lotada?	
2. Você costuma chegar atrasado a compromissos e reuniões?	
3. Você tem dificuldades em tomar decisões?	
4. Você permite que telefonemas e colegas interrompam sua concentração a qualquer momento?	
5. Você costuma fazer várias coisas ao mesmo tempo, deixando algumas delas frequentemente inacabadas?	
6. Você costuma ocupar boa parte do seu dia com crises e tarefas urgentes?	
7. Você costuma fazer hora extra, trabalhar depois do expediente ou levar serviço para casa?	
8. Sua mesa de trabalho e gavetas estão sempre bagunçadas, cheias de documentos e papéis?	
9. Você costuma dedicar boa parte de seu dia lendo e respondendo *e-mails*?	
10. Você tem dificuldade em delegar tarefas rotineiras em casa ou no trabalho?	
11. Você tem dificuldade para encontrar tempo livre para atividade de lazer, trabalho voluntário ou mesmo para rever amigos?	
12. Você tem dificuldade para planejar férias, viagens ou a aquisição de um carro?	
13. Você costuma participar de reuniões inúteis, sem objetivos claramente definidos?	
14. Você tem dificuldade em se concentrar na execução de tarefas desagradáveis ou projetos muito longos?	
15. Você tem a sensação que os dias estão passando cada vez mais rápido e que não há nada que possa ser feito para reverter esta situação?	
TOTAL	

CAPÍTULO 4 – Avaliação do Treinamento: Propostas e Perspectivas

Ao terminar esta avaliação, compare o número de questões que você assinalou com o quadro a seguir:

> - Entre 11 e 15 questões assinaladas: sua relação com o tempo é muito complicada. Você provavelmente tem problemas de produtividade e talvez sofra de ansiedade e estresse.
> - Entre 7 e 10 questões assinaladas: Você tem diversos hábitos e comportamentos inadequados que prejudicam sua produtividade e sua qualidade de vida. Algumas correções de percurso seriam bem-vindas.
> - Entre 1 e 5 questões assinaladas: Muito bem! Você administra bem seu tempo e, provavelmente, equilibra com eficácia suas demandas profissionais e pessoais. Entretanto, sempre há o que melhorar.

Estabeleça sua meta de melhoria.

Registre o resultado que você deseja alcançar em 14 dias.

Total de questões que você deseja assinalar na próxima avaliação: _____

Formulário C: Kirkpatrick, Donald L. e Kirkpatrick, James D., em seu livro *Como avaliar programas de treinamento de equipes: os quatro níveis* (2010, p. 72) dá um exemplo de formulário para avaliar a mudança do comportamento, reproduzido a seguir:

> Curso:
> Participante:
> Período:

1. Que comportamentos específicos foram ensinados e incentivados?

2. Ao terminar o programa, você desejava mudar o seu comportamento no trabalho?
   ( ) Muito
   ( ) Um pouco
   ( ) Nem um pouco

Comentários:

3. Você estava bem preparado para fazer o que lhe sugeriram?
   ( ) Muito
   ( ) Razoavelmente
   ( ) Um pouco
   ( ) Não

4. Se você não estiver adotando os comportamentos ensinados e estimulados, explique o motivo:

		Muito	Um pouco	Nem um pouco
a.	Na minha situação, não seria muito prático.			
b.	Meu chefe me desencorajou a mudar.			
c.	Não tive tempo.			
d.	Tentei e não deu certo.			
e.	Outros motivos.			

5. Até que ponto você pretende se comportar de maneira diferente no futuro?
   ( ) Muito
   ( ) Um pouco
   ( ) Nem um pouco

6. Quais são suas sugestões para tornar o programa mais útil?

Grupo 4 – Avaliação dos Resultados
Formulário A: Elaborado para organizações em geral.

> Curso/Treinamento:
> Instrutor:
> Data do treinamento:
> Participantes:
> Cargo/Função:
> Área/Departamento/Setor:

Avaliação do Funcionário
1. O conhecimento adquirido contribuiu para o aprimoramento de suas atividades?
   ( ) Sim
   ( ) Parcialmente
   ( ) Não

2. Você sente dificuldades em aplicar as técnicas e conhecimentos adquiridos?
   ( ) Sim
   ( ) Parcialmente
   ( ) Não
   Por quê?

3. Estime a melhoria que pode ser considerada resultado direto do treinamento realizado:
   ( ) 0%
   ( ) 25%
   ( ) 50%
   ( ) 75%
   ( ) 100%

Visto do funcionário
Data:

Avaliação do Gestor
1. O funcionário melhorou o seu desempenho após o treinamento?
   ( ) Sim
   ( ) Parcialmente
   ( ) Não
   Por quê?

2. Estime a melhoria que pode ser considerada resultado direto do treinamento realizado:
   ( ) 0%
   ( ) 25%
   ( ) 50%
   ( ) 75%
   ( ) 100%

Visto do gestor:
Data:

Análise do RH
1. O treinamento foi eficiente e eficaz?
   ( ) Sim
   ( ) Parcialmente
   ( ) Não
   Por quê?

2. Estime a melhoria que pode ser considerada resultado direto do treinamento realizado:
   ( ) 0%
   ( ) 25%
   ( ) 50%
   ( ) 75%
   ( ) 100%

Visto do RH:
Data:

Formulário B: Elaborado para organizações em geral.

AVALIAÇÃO DE RESULTADO
Treinamento desenvolvido: **Participante:** **Data:**
Prezado(a) Desejamos conhecer o impacto do treinamento no seu trabalho, com o intuito de aprimorar as ações educacionais oferecidas. Leia atentamente o conteúdo das afirmativas e avalie o quanto cada uma delas descreve o que você pensa a respeito do impacto exercido pelo treinamento, acima mencionado, no trabalho que realiza, considerando o período transcorrido desde o término do curso até a data de hoje. Pense também no apoio que vem recebendo para usar, no seu trabalho, o que aprendeu no treinamento. Agradecemos sua colaboração.

(continua)

(continuação)

PARA RESPONDER, UTILIZE A ESCALA DE CONCORDÂNCIA ABAIXO:
1 DISCORDO TOTALMENTE   2 DISCORDO   3 NEM CONCORDO NEM DISCORDO   4 CONCORDO   5 CONCORDO TOTALMENTE

Aproveito as oportunidades que tenho para colocar em prático o que aprendi no treinamento.	
A qualidade do meu trabalho melhorou após o treinamento.	
Recordo muito bem do que foi ensinado no treinamento.	
A qualidade do meu trabalho melhorou, mesmo nas atividades que não pareciam estar relacionadas ao conteúdo do treinamento.	
O treinamento tornou-me mais receptivo(a) a mudanças das rotinas de trabalho.	
Minhas sugestões, em relação ao que foi ensinado no treinamento, são levadas em consideração.	
Meu posto de trabalho, no que se refere a máquinas e equipamentos, é adequado à aplicação correta das habilidades que adquiri no treinamento.	
Comentários e Sugestões	

Formulários C: Elaborados para avaliação pela identificação de objetivos e indicadores.

Formulário 1/3 para Identificação de Objetivos e Indicadores

Curso:
Período de realização: ___/___/_____ a ___/___/_____
Participante(s):

(continua)

(continuação)

A chefia imediata, com o auxílio do RH, deve responder às questões abaixo, antes do treinamento.
Objetivos do treinamento / Resultados esperados Que resultado(s) você espera do treinamento que será realizado?
IDENTIFICAÇÃO DE INDICADORES Que indicador(es) você utilizará para avaliar o treinamento que será realizado?
Chefia imediata do treinando(s): .... ___/___/_____ RH – Coordenador(a) do treinamento: .... ___/___/_____

O ideal é elaborar um formulário de avaliação para cada treinamento a ser realizado.

Este formulário, devidamente preenchido, fornecerá os elementos básicos para a elaboração dos formulários de avaliação do resultado do treinamento, que deverão ser preenchidos, após o treinamento, pela chefia do(s) treinando(s) e pelo(s) treinando(s).

A seguir, veja os formulários 2/3 e 3/3:

Formulário 2/3 para Avaliação a Ser Feita pela Chefia Imediata do(s) Treinando(s)

Curso: Período de realização: ___/___/_____ a ___/___/_____ Participante(s):

(continua)

(continuação)

Objetivos do treinamento / Resultados esperados
Incluir aqui os objetivos / resultados esperados, identificados pelo formulário 1/3
Indicadores para avaliar o(s) resultado(s)
Incluir aqui o(s) indicador(es) identificado(s) pelo formulário 1/3
RESULTADOS ALCANÇADOS Citar os resultados obtidos: Chefia imediata do(s) treinando(s): .... ___/___/_____

De acordo com a boa técnica, este formulário deverá ser utilizado após o treinamento, considerando o tempo necessário para que o(s) treinando(s) possa(m) implementar o que foi ensinado.

Formulário 3/3 para Avaliação a Ser Feita pelo Treinando

Curso: Período de realização: ___/___/_____ a ___/___/_____ Participante(s):

(continua)

(continuação)

Objetivos do treinamento / Resultados esperados
Incluir aqui os objetivos / resultados esperados, identificados pelo formulário 1/3
Indicadores para avaliar o(s) resultado(s)
Incluir aqui o(s) indicador(es) identificado(s) pelo formulário 1/3
RESULTADOS ALCANÇADOS   Citar os resultados obtidos: Participante: .... ___/___/_____

De acordo com a boa técnica, este formulário deverá ser utilizado após o treinamento, considerando o tempo necessário para que o(s) treinando(s) possa(m) implementar o que aprendeu(ram).

8 Exercício em grupo: Identificação de Indicadores e Cálculo do ROI

   a) **Identificação dos indicadores:** Mencione, abaixo, as **"Evidências Objetivas"** dos resultados que se espera do curso **Administração do Tempo** (Veja o programa do curso na página seguinte).

1.
2.
3.

b) Cálculo do ROI: Considere os dados abaixo como resultados obtidos após a realização do curso:

CUSTOS do treinamento realizado	
Contratação de empresa de treinamento	R$ 4.000,00
Despesa com transporte dos participantes	R$ 2.000,00
Despesa com hospedagem dos participantes	R$ 7.000,00
Salários do pessoal alocado no programa	R$ 6.000,00
Outros:	R$ 1.000,00
TOTAL	R$ 20.000,00

BENEFÍCIOS após o treinamento	
Aumento do faturamento	R$ 80.000,00
Diminuição de custos	R$ 15.000,00
Outros:	R$ 5.000,00
TOTAL	**R$** 100.000,00

Calcule o Benefício líquido	Calcule o ROI
Total dos Benefícios – Total dos custos = Benefício líquido	$\dfrac{\text{Benefício líquido} \times 100}{\text{Custos}} = \text{ROI}$

Analise o programa apresentado a seguir, para fazer o exercício corretamente.

Curso
Administração do Tempo

"Falta de tempo é desculpa daqueles que perdem tempo por falta de métodos!"

Albert Einstein

Programa

O Relógio e a Ampulheta: O que é o Tempo?
Por que administrar o tempo?
Por que temos a sensação, cada vez maior, de que falta tempo?
Trabalho e Qualidade de Vida: O Tempo de *Chronos* e *Kairós*
Tempo é dinheiro? Ou tempo é vida? Características do Tempo
Quais são seus papéis? Tempo para você: o papel do EU

O Tempo e o Cronômetro: A Doença da Pressa
A Doença da Pressa: Tenho estresse porque não tenho tempo ou não tenho tempo porque tenho estresse?

O Tempo e a Bússola: Primeiro o mais Importante
Declaração de Missão e Visão Pessoal
Definição de Objetivos com o método *SMART*
Urgente e Importante: critérios para identificação e definição de prioridades

O Tempo e o Despertador:
Disciplina
Ferramentas de Administração do Tempo
Qual a agenda mais adequada para você?
A Fórmula da Mudança

Trabalho Colaborativo: O Tempo na empresa
De quem é o tempo afinal? O tempo do líder e o tempo da equipe
Absenteísmo X Presenteísmo
Liderar e Delegar com Tempo: Administração por Crise X Administração por Resultados.
Como enfrentar de forma sistêmica os desafios da administração do tempo na empresa: reuniões improdutivas, excesso de *e-mails* e de informações, interrupções constantes, delegação ineficaz, entre outros...

> **Facilitador:** *Sergio Guimarães* – Idealizador e gestor do Portal Academia do Tempo:
> **www.academiadotempo.com.br** – Publicitário e *designer* instrucional especializado em Administração do Tempo, Produtividade Pessoal e Gestão de Estresse. Desde 1991 atua como palestrante e facilitador em programas de Desenvolvimento profissional para empresas como Sabesp, Unimed, Porto Seguro, Johnson & Johnson, Aon Affinity, PUC, MasterCard, Caixa Econômica Federal, Nossa Caixa, Banco ABN AMRO Real, Ely Lilly, Nissan, Volvo, Citroen, Ford, BMW, Porsche, Honda, Clube Pinheiros, Sotreq, IBM, HP, Accenture, Vivo, Telefônica, Louis Dreyfus, Phelps Dodge, Leroy Merlin e muitas outras organizações de médio e grande porte.

9. Em grupo, escolha um dos casos abaixo, analise os indicadores que a empresa dispõe, e proponha(m) soluções.

Caso 1: Situação problema de uma empresa industrial
Prejuízos devido à queda contínua do faturamento, nos últimos cinco anos.
Reclamações relacionadas com a qualidade e perda significativa de clientes.

Indicadores	Unidade de medida	Resultados da empresa	Média do segmento	Média geral do mercado
Faturamento líquido *per capita*	R$	50.495	122.289	229.932
Lucro operacional *per capita*	R$	(8.911)	7.261	17.993
Pessoal de supervisão	%	23%	16%	10%
Aproveitamento interno/Vagas preenchidas	%	9%	13%	21%
Rotatividade de pessoal	%	55%	19%	17%
Permanência média dos empregados	Anos	1	5	9

(continua)

(continuação)

Horas treinamento – per capita	Horas/ano	9	45	60
Horas treinamento – supervisores	Horas/ano	18	54	84

"As soluções propostas pela ISO 10015, para eliminar as lacunas de competência, podem ser os treinamentos ou outras ações tais como a reformulação dos processos, recrutamento de pessoal treinado, terceirização, melhoria de outros recursos, redução da rotatividade e modificação dos procedimentos de trabalho." (**Fonte: 4.2.6 da ISO 10015**)

Caso 2: Situação problema de uma determinada organização prestadora de serviços.

Produtividade baixa e alto custo dos serviços, prejudicando a imagem da organização.

Indicadores	Unidades de medida	Situação atual	Desejável
Produtividade	Serviços concluídos por mês	8	17
Qualidade dos serviços	Nº de reclamações	50	25
Custo dos serviços	R$	900.545,00	450.275,00
Retrabalho	Nº de serviços refeitos	4	2
Prazo para conclusão dos serviços	Meses	12	6
Horas treinamento – per capita	Horas/Ano	30	100
Horas treinamento – gestores	Horas/Ano	20	160

"As soluções propostas para eliminar as lacunas de competência podem ser os treinamentos ou outras ações da organização, tais como a reformulação dos processos, recrutamento de pessoal treinado, terceirização, melhoria de outros recursos, redução da rotatividade e modificação dos procedimentos de trabalho." (**Fonte: 4.2.6. da ISO 10015**)

Construindo um Glossário

Pesquise em dicionários ou livros de administração os termos:
- *Feedback*
- *Hardware*
- *Software*
- *E-learning*
- Efeito *Halo*
- *Benchmarking*
- *Turnover*
- RBC

Conhecendo Autores

Escolha um autor citado no texto e realize uma pesquisa sobre sua vida, obras e principais ideias.

Pesquisa de Campo

Realize entrevistas com empresários e gestores de Recursos Humanos, identificando quais as principais formas utilizadas para avaliar o treinamento de pessoal.

Case

A Mercedes Benz tinha um programa intensivo de capacitação (Programa desenvolvido pela Divisão de treinamento da Mercedes Bens do Brasil S.A., em 1972) destinado ao pessoal recém-contratado para atuar na área de *Marketing*. No início do treinamento, os participantes eram informados de que haveria, ao final, uma avaliação da aprendizagem.

A avaliação era feita por meio de aplicação de, aproximadamente, cem questões. O resultado sempre surpreendeu, evidenciando a satisfação dos treinandos ao serem informados sobre seus índices de aprendizagem.

O índice de aprendizagem é um excelente indicador da eficiência e da eficácia dos programas de treinamento. A aprendizagem, sempre que possível, deve ser avaliada. Atualmente, 40% a 70% dos programas de treinamento

avaliam a aprendizagem, conforme pesquisa da American Society for Training and Development – ASTD.
a) O que deve ser avaliado em um treinamento?
b) Quem deve avaliar o treinamento?
c) Como pode ser avaliada a aprendizagem?
d) O que é aprendizagem e por que ela é um indicador da eficiência e da eficácia de programas de treinamento?

Um grande laboratório farmacêutico internacional (empresa formada pela fusão dos laboratórios Moura Brasil, Merell e Vick, em 1964) desenvolveu um treinamento intensivo de capacitação para os PVCs (propagandista, vendedor e cobrador) recém-contratados. O treinamento teve a duração de um mês e foi desenvolvido por sete instrutores – médicos, especialistas em propaganda, *marketing*, vendas e em crédito e cobrança. Os instrutores foram brilhantes pelos conhecimentos que transmitiram e pelo apoio dado aos participantes do treinamento. Mas, o que mais motivou os treinandos foi o "CONTRATO" que estabelecia os níveis de aproveitamento desejados e o prêmio correspondente a cada nível alcançado.

O contrato didático ou pedagógico, de acordo com Perrenoud (1999), é um acordo entre a organização, representada pela coordenação do programa, e o treinando, visando estabelecer parâmetros para avaliação de seu desempenho e do programa que vai participar. O contrato pode ser iniciado na época da inscrição para o curso ou nos seus primeiros dias ou momentos de realização. É concretizado com a definição de indicadores de aproveitamento e de resultados pelo próprio treinando e revisados pelo coordenador do programa.

Quem, na avaliação final, atingiu o nível C, teve como prêmio seu salário inicial reajustado em 50%. Quem atingiu o nível B teve 25% a mais, e quem atingiu o nível A teve o salário reajustado em 15%. Não é preciso dizer que todos os treinandos se empenharam para obter as melhores classificações. E conseguiram, o que foi bom para os novos PVCs e melhor ainda para a empresa.

Diante do exposto, podemos concluir que o resultado do treinamento é mais eficiente e eficaz quando os treinandos sabem que serão avaliados, reconhecidos e premiados.

a) O que pode ser feito para um treinamento tornar-se mais eficaz e eficiente?
b) Explique os motivos do sucesso do treinamento oferecido pelo laboratório farmacêutico.
c) Você acredita que o contrato é fundamental para o sucesso do treinamento? Por quê?

Filmes

- *A missão do gerente de recursos humanos* (relações humanas, avaliação e autoavaliação)
- *Desafiando gigantes* (persistência, metas e resultados)
- *Amor sem escalas* (resultados, escolhas, conflitos pessoais e profissionais)
- *Doze homens e uma sentença* (trabalho em equipe, conflitos interpessoais)
- *Patch Adams: o amor é contagioso* (coragem, determinação, liderança e resultados)

Atividade com filmes: Selecione um dos filmes indicados e realize uma análise crítica que contemple os conceitos relacionados a cada um e o conteúdo abordado no capítulo.

Dinâmica

a) O valor de cada um
Objetivos:
- Desenvolver o autoconhecimento;
- Promover a compreensão mútua;
- Reconhecer as diferenças.

Material:
- Duas caixinhas em forma de baú (Em uma caixa escreva "Tudo que preciso receber para ser feliz", e na outra "Tudo o que posso doar para fazer alguém feliz")
- Papel e caneta

Desenvolvimento:
1. Cada participante recebe duas folhas em branco;
2. Solicitar para cada participante responder:
   a) *Na primeira folha:*
   - O que tenho (sentimentos, palavras, coisas etc.) que posso doar para fazer alguém feliz.
   b) *Na segunda folha:*
   - O que preciso (sentimentos, palavras, coisas etc.) receber para ser feliz.
3. Solicitar que coloquem as folhas nas respectivas caixinhas nomeadas;
4. Abrir as caixinhas e distribuir folhinhas (uma de cada baú) para participante aleatoriamente;
5. Solicitar que escolham, em cada folha, um atributo que mais lhe chamou a atenção (a receber e a doar);
6. Realizar uma lista com os atributos escolhido pelos participantes.

Promover uma discussão com o grupo, refletindo: Será que nos complementamos? Nossas necessidades e desejos podem ser satisfeitos se descobrirmos o valor de cada um?

b) Sem saída
Objetivos:
- Desenvolver a capacidade de decisão;
- Aprender a resolver conflitos;
- Incentivar a capacidade de observação;
- Aumentar a habilidade de convencimento e argumentação;
- Promover iniciativa e reflexão sobre a demonstração objetiva de resultados.

Desenvolvimento:
Será necessário organizar grupos de quatro pessoas, sendo que cada grupo deverá ter uma integrante que exerça um dos papéis descritos abaixo. Explique que cada grupo vai desempenhar um papel. Para cada grupo, dê as seguintes instruções:

Papel 1 – Gerente de recursos humanos ou o profissional contratado para realizar as demissões de uma organização. Explique que, devido a uma crise financeira na organização, ele deverá demitir o funcionário, e que de forma nenhuma poderá voltar atrás da decisão.

Papel 2 – Funcionário que será demitido.
Oriente para que a pessoa no papel de funcionário não permita ser demitido e convença o gerente a mudar sua decisão, utilizando todos os argumentos que considerar válidos e eficazes.

Papel 3 – Mediador, com a função de intermediar os interesses e conflitos que surgirem entre o gerente e o funcionário.
Explique que o mediador deverá fazer o possível para que o gerente e o funcionário cheguem a um acordo benéfico para ambas as partes.

Papel 4 – Observador, com a função de monitorar, avaliar e registrar o que vai acontecer durante a dinâmica entre gerente, funcionário e mediador.
Oriente o mediador a anotar suas percepções em relação à postura e as atitudes de cada um dos integrantes, indicando o que aconteceu durante as dinâmicas e quais foram os momentos de tensão e de entendimento no grupo.

Dê um tempo, aproximadamente 10 minutos, para que as equipes formadas por um mediador, um gerente, um funcionário e um observador vivenciem a situação. Depois, reúna todas as equipes e promova uma discussão em grupo. Solicite que as pessoas que exerceram cada papel indiquem as sensações, dificuldades e facilidades ao exercerem cada função.

Para Descontrair... Frases e Humor

"A mensuração é a linguagem com a qual se descrevem as organizações estratégicas." (David Norton)

"Quem não mede não gerencia. Quem não gerencia não melhora." (Joseph Juran)

"Medir é importante: o que não é medido não é gerenciado." (Kaplan e Norton)

"Como sabemos, o que se mede se consegue. Mas aquilo que se mede também define a cultura da empresa. Por quê? Porque descreve o que é valorizado." (Brian E. Becker; Mark A. Huselid; Dave Ulrich)

"Para gerenciar a qualidade, você precisa medi-la." (Stephen George)

"Os números não mentem jamais." (Provérbio inglês)

"Se puder medir aquilo sobre o que está falando e expressá-lo em números, saberá alguma coisa a respeito... mas, se não conseguir medi-lo, se não puder expressá-lo em números, seu conhecimento é escasso e insatisfatório." (Lord William Thompson Kelvin)

"A autoavaliação é o principal método de avaliar o progresso ou o sucesso." (Carl Rogers)

"Muitas vezes, as avaliações são encaradas como um procedimento cujo objetivo é o de culpar ou recompensar alguém. No entanto, as avaliações mais corretamente realizadas devem ser entendidas como parte de um plano de desenvolvimento de pessoas." (Antonio Carlos Gil)

"Nós não sorrimos porque somos felizes, nós somos felizes porque sorrimos." (William James)

"Um dia sem riso é um dia desperdiçado." (Charlie Chaplin)

"Sempre que você consegue que as pessoas riam, elas estão ouvindo e você pode dizer praticamente qualquer coisa a elas." (Herbert Gardner)

"Sabemos muito pouco o que nós somos e menos ainda o que podemos ser." (Lord Byron)

"Homem, conheça-te a ti mesmo e conhecerás o universo." (Sócrates)

"Se você não pergunta suficientemente 'por que isso?', alguém perguntará 'por que você'? (Tom Hirshfield)

CAPÍTULO 5

Eficácia do Treinamento e Implementação da ISO 10015

Reflexão Inicial

A jornalista e filósofa Lia Diskin, no Festival Mundial da Paz, em Florianópolis (2006), nos presenteou com um caso de uma tribo na África chamada Ubuntu. Ela contou que um antropólogo estava estudando os usos e costumes da tribo e, quando terminou seu trabalho, teve que esperar pelo transporte que o levaria até o aeroporto de volta para casa. Sobrava muito tempo, mas ele não queria catequizar os membros da tribo; então, propôs uma brincadeira para as crianças, que achou ser inofensiva. Comprou uma porção de doces e guloseimas na cidade, botou tudo num cesto bem bonito com laço de fita e tudo e colocou debaixo de uma árvore. Aí ele chamou as crianças e combinou que quando ele dissesse "já!", elas deveriam sair correndo até o cesto, e a que chegasse primeiro ganharia todos os doces que estavam lá dentro. As crianças se posicionaram na linha demarcatória que ele desenhou no chão e esperaram pelo sinal combinado. Quando ele disse "já!", instantaneamente todas as crianças se deram as mãos e saíram correndo em direção à árvore com o cesto. Chegando lá, começaram a distribuir os doces entre si e a comerem felizes. O antropólogo foi ao encontro delas e perguntou por que elas tinham ido todas juntas, se só uma poderia ficar com tudo que havia no cesto e, assim, ganhar muito mais doce. Elas simplesmente responderam: "Ubuntu, tio. Como uma de nós poderia ficar feliz se todas as outras estivessem tristes?" Ele ficou desconcertado! Meses e meses trabalhando nisso, estudando a tribo, e ainda não havia compreendido, de verdade, a essência daquele povo. Ou jamais teria proposto uma competição, certo? Ubuntu significa: "Sou quem sou, porque somos todos nós!"

(Site *Recanto das Letras* – enviado por José de Castro. Acesso em: 20 fev. 2013.)

5. EFICÁCIA DO TREINAMENTO E IMPLEMENTAÇÃO DA ISO 10015

Os capítulos anteriores mostraram que a gestão de pessoas, nos dias de hoje, deve ser pensada, gerenciada e monitorada estrategicamente, o que significa que todos os processos da administração de pessoal, como recrutamento e seleção, manutenção e integração, treinamento, desenvolvimento e monitoração, requerem maior atenção e conhecimento dos profissionais da área. O destaque à gestão estratégica do processo de treinamento indica possibilidades reais de melhorar a produtividade na organização e ainda demonstrar, quantitativa e qualitativamente, os resultados advindos do investimento em pessoal, pela utilização de ferramentas de avaliação adequadas e pelo emprego da norma ISO 10015.

Este capítulo retoma de maneira breve o ciclo de planejamento, execução e avaliação do treinamento, assim como a necessidade de monitoração constante desses processos, para garantir a eficácia do treinamento. Destaca ainda a necessidade de envolvimento dos treinandos, o significado do primeiro treinamento e retoma o valor da medição, da implementação e certificação da ISO 10015.

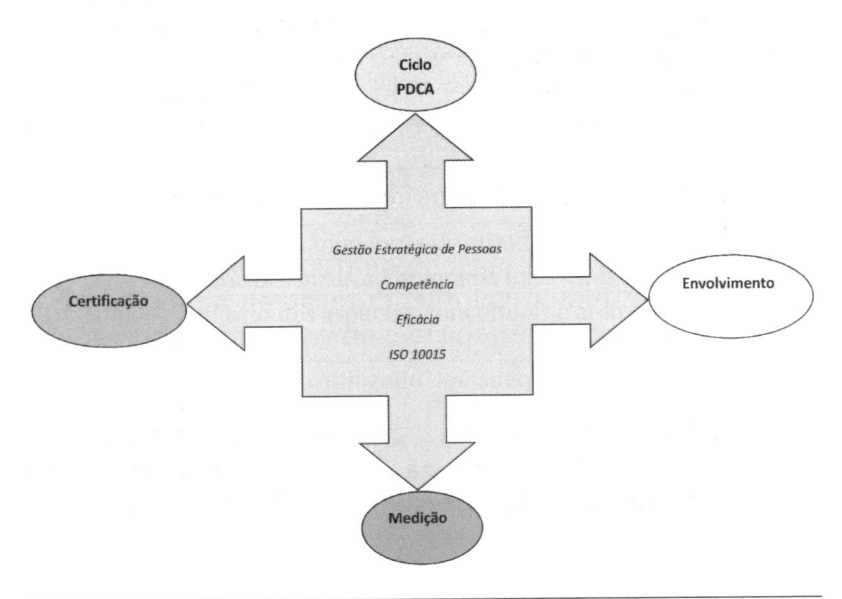

5.1 Ciclo PDCA

O ciclo PDCA, indicado na figura a seguir, apresenta as etapas do processo de treinamento de maneira integrada e contínua, sendo que cada momento deve estar alinhado com os objetivos e princípios organizacionais da empresa.

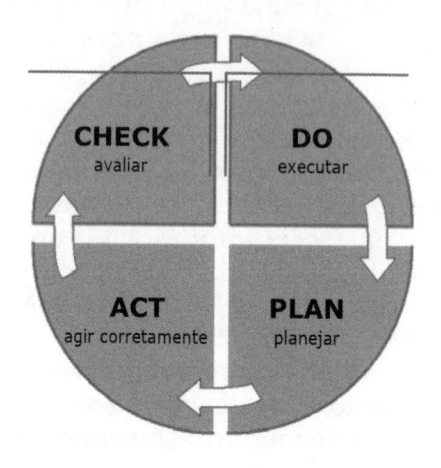

(Figura: Ciclo PDCA — CHECK (avaliar), DO (executar), ACT (agir corretamente), PLAN (planejar))

PLAN – Planejar

O treinamento deve ser planejado com base na definição das necessidades de treinamento. Segundo Chiavenato (2004), o planejamento do treinamento se define em:

- quem deve ser treinado (treinandos);
- quem vai treinar (treinador, facilitador ou instrutor);
- o que treinar (assunto ou conteúdo do treinamento);
- onde treinar (local físico, órgão ou entidade);
- como treinar (métodos de treinamento e/ou recursos necessários);
- quando treinar (agenda do treinamento e horário);
- quanto treinar (volume, duração ou intensidade); e
- para que treinar (objetivo ou resultados esperados).

De acordo com a norma ISO 10015: "Recomenda-se que a definição tome por base a análise das necessidades atuais e futuras da organização, em contraposição à competência existente de seu pessoal" (ISO 10015, 2001, p. 4).

DO – Executar

Chiavenato (2004) pressupõe o binômio instrutor x aprendiz e uma relação de instrução x aprendizagem, que depende dos seguintes fatores:
- adequação do programa de treinamento às necessidades da organização;
- qualidade do material de treinamento apresentado;
- cooperação dos gerentes e dirigentes da empresa;
- qualidade e preparo dos instrutores;
- qualidade dos aprendizes.

Destaca-se, atualmente o *coaching*, que é um relacionamento que envolve duas pessoas – o líder e o subordinado, representados pelo *coach* e pelo aprendiz. Baseia-se num vínculo que impulsiona talentos, cria competências e estimula potencialidades.

Na execução, é preciso "realizar todas as atividades específicas para o fornecimento do treinamento, conforme previsto na especificação do programa de treinamento" (ISO 10015, 2001, p. 7).

CHECK – Avaliar

Chiavenato (2004) explica que a avaliação visa à obtenção de retroação do sistema, e pode ser feita em:
- nível organizacional (aumento da eficiência e eficácia organizacional, melhoria da imagem da empresa e do clima organizacional, melhor relacionamento empresa x empregados, facilidade nas mudanças e inovações etc.);
- nível de recursos humanos (redução da rotatividade de pessoal e do absenteísmo, aumento da eficiência individual, das habilidades e do conhecimento das pessoas, mudanças de atitudes e comportamentos etc.); e
- nível de tarefas e operações (aumento da produtividade, melhoria da qualidade dos produtos e serviços, melhor atendimento ao cliente, redução no fluxo da produção, do índice de acidentes e do índice de manutenção de máquinas e equipamentos etc.).

"A finalidade da avaliação é confirmar que ambos, os objetivos da organização e do treinamento, foram alcançados, ou seja, o treinamento foi eficaz" (ISO 10015, 2001, p. 7).

ACT – Agir Corretivamente para Solucionar as Não Conformidades

O objetivo desta etapa é a "monitoração e a melhoria do processo de treinamento,, assegurar que o processo de treinamento, como parte do sistema da qualidade da organização, está sendo devidamente gerenciado e implementado, de forma a comprovar a eficácia do processo em alcançar os requisitos do treinamento da organização" (ISO 10015, 2001, p. 8).

De acordo com Chiavenato (2004), esta ação diz respeito ao controle, ou seja, visa assegurar que os resultados das operações se ajustem, tanto quanto possível, aos objetivos estabelecidos..

O autor elucida que o controle é a maneira de verificar a eficiência e a eficácia da organização, podendo ser aplicado em coisas, pessoas e atos. Sua base de ação é o retorno da informação.

Utiliza-se o princípio da exceção, um sistema de informação e controle que apresenta seus dados somente quando os resultados se distanciam do esperado. O princípio da exceção remete ao princípio de Pareto (*apud* Chiavenato, 2001), segundo o qual 20% das coisas são responsáveis por 80% dos problemas, enquanto os 80% restantes das coisas provocam 20% dos problemas.

O controle envolve um processo de quatro etapas:
- estabelecimento de padrões desejados;
- observação do desempenho;
- comparação do desempenho com os padrões desejados; e
- ação corretiva para eliminar ou corrigir os desvios.

Embora a palavra *controle* esteja associada a aspectos negativos, como restrição, coerção, delimitação, manipulação, inibição, direção etc., ele é universal e pode ser construtivo, quando conduz as pessoas, de forma livre e sadia, para o alcance dos objetivos individuais e organizacionais. Ou seja, o ciclo PDCA tem como objetivo fazer certo na primeira vez, e fazer sempre melhor na próxima vez.

5.2 Eficácia do Treinamento

> O maior benefício do treinamento não vem de se aprender algo novo, mas de se fazer melhor aquilo que já fazemos bem. (Peter Drucker)

Hoje, na chamada era do conhecimento, o treinamento é o mais importante fator crítico de sucesso, das pessoas e das empresas.

Pessoas mais capacitadas têm um espírito crítico mais aguçado, o que aumenta suas probabilidades de diagnosticar problemas e sugerir aperfeiçoamentos.

Conforme observa Chiavenato (1996), a qualidade de vida das pessoas pode ser incrivelmente aumentada com a capacitação e o crescente desenvolvimento profissional. Pessoas treinadas e habilitadas trabalham com mais facilidade e confiabilidade e, consequentemente, com mais prazer e felicidade.

Pode-se inclusive afirmar que o treinamento constitui um agente motivador comprovado. De acordo com Carvalho (1993), o treinamento é um fator de autossatisfação do treinando.

Ishikawa (1993), um dos gurus da qualidade, afirma que a qualidade começa e termina com a educação.

Assim, é importante e imprescindível investir no treinamento. Chiavenato (1996) confirma essa ideia, ao expor que a preparação e formação das pessoas deve converter-se o quanto antes em uma verdadeira obsessão. O sucesso na melhoria dos serviços prestados está intimamente ligado a esta variável: treinar, treinar, treinar. Treinar todos, a fundo. E voltar a treinar continuamente.

Tudo que foi exposto pode na verdade ser resumido em uma única frase: "A empresa cresce quando faz crescer as pessoas" (Silva *apud* Chiavenato, 1996, p. 88).

Conforme observa Serralvo (1996), Drucker, um dos maiores estudiosos da Administração, há algum tempo apontava a transição de mão de obra para o "cérebro de obra". Essa mudança de sentido passa a exigir, portanto, uma revisão de técnicas, procedimentos, metodologias e uma corajosa reconsideração de valores, atitudes e expectativas em relação ao ser humano e às atividades de treinamento.

O cenário atual aponta para a necessidade de um treinamento mais voltado para o que Drucker chama de trabalhadores do conhecimento (*knowledge workers*), considerando o homem como um ser capaz de raciocinar. O treinamento deve considerar não só a generalização do compartilhamento de conhecimentos e habilidades técnicas específicas, ligados aos materiais e procedimentos próprios, mas também ao cultivo das habilidades sociais, de hábitos que pertencem aos âmbitos da cordialidade e do respeito, das boas maneiras, e do cultivo igualmente crítico das habilidades de pensar, compreender relações causais, discriminar, escolher, aprender sozinho, aplicar princípios etc.

Essas considerações, em conjunto, permitem concluir que o treinamento, em uma concepção moderna, deve resgatar o treinando como sujeito da ação, considerando as contribuições advindas dele, enquanto ser pensante e social. Só dessa forma o treinamento poderá ser considerado instrumento de transformação e efetivamente contribuirá para a melhoria dos serviços prestados.

Paralelamente, uma análise crítica mais global sobre a atividade de treinamento permite afirmar que as organizações não estão criando um ambiente que viabilize os resultados da capacitação. Investem-se grandes somas de dinheiro em treinamento, mas não há mudança na estrutura de trabalho de forma a possibilitar às pessoas fazer algo diferente. Em outros casos, as técnicas são adquiridas, mas as barreiras internas não são derrubadas. Os conhecimentos adquiridos são de posse exclusiva de quem os recebeu.

Como afirma Motomura (*apud* Netz, 1998), um dos maiores especialistas brasileiros em treinamento de executivos, é um paradoxo gastar montanhas de dinheiro se a instituição não está disposta ou acostumada a dar espaço para as pessoas aplicarem suas competências e conhecimentos adquiridos.

5.3 Medição

Marcos Antônio Lima de Oliveira (2012) tem abordado em vários artigos, com muita propriedade, a questão das medições. Veja, a seguir, excertos de seus textos:

- Exatidão da medição: nem sempre a precisão é essencial. É melhor ter alguma medição, mesmo não tão precisa, do que não ter nenhuma.
- A medição é necessária para confirmar que os esforços despendidos na melhoria tiveram efeito. Medição está associada a melhoramento.
- O mais importante motivo para a medição é apoiar o sistema de melhorias.
- A medição serve para controle, previsão, estimativa, tomada de decisão, identificação de problemas, solução de problemas, avaliação de melhoramentos.
- A medição é o único mecanismo que nos permite saber se estamos removendo sistematicamente as causas comuns e especiais dos erros de nossos sistemas e processos, a uma velocidade razoável.
- A medição pode ser utilizada de maneira eficaz para impulsionar e motivar a melhoria do desempenho.
- A medição pode dizer-nos onde precisamos de melhoria, pode ajudar-nos a priorizar os alvos de nossas energias e recursos, pode motivar, pode dizer-nos quando nos tornamos melhores e é parte natural e inerente ao processo gerencial.
- Não se pode medir e definir aquilo que não se compreende.

Para que o sistema de medição sirva de impulso para a melhoria, ele deve ser compreendido e aceito pelos usuários do sistema. Uma maneira de aumentar a compreensão e aceitação é envolver os usuários no seu desenvolvimento.

A medição serve como *feedback* para permitir que as pessoas saibam como estão se desempenhando. Desta forma, a medição é um componente importante do processo de motivação.

5.4 ISO 10015: Implementação e Certificação

Alfred Marshall, economista inglês, em 1920 já dizia que "o mais valioso entre todos os capitais é aquele investido em seres humanos". Mas, só agora as empresas estão mais conscientes dessa verdade e investem em seus recursos humanos, treinando-os de acordo com as diretrizes da norma ISO 10015.

A grande vantagem para a empresa em implementar a ISO 10015 é poder atingir o "estado da arte" no processo de desenvolvimento de seus profissionais.

Outras vantagens da implementação da ISO 10015 (2001):
- Oferece orientação centrada na tecnologia do treinamento e na aprendizagem organizacional.
- Está desenhada especificamente para satisfazer as necessidades relacionadas com a qualidade do treinamento.
- A exemplo de outras normas de gestão, utiliza o enfoque baseado em processos, o que é muito simples e prático.
- É facilmente entendida e implementada em empresas familiarizadas com os sistemas de gestão da qualidade ISO 9000.
- Também pode ser utilizada para aumentar a eficiência e a eficácia do RH em organizações que não implementaram a ISO 9001.

Características essenciais da norma ISO 10015 (2001):
- Vincula os investimentos em treinamento com o desempenho organizacional.
- Exige que o treinamento tenha por base os princípios pedagógicos e de aprendizagem organizacional.

POR QUE CERTIFICAR

Certificar a empresa em qualquer norma existente é a forma mais moderna de gestão. Sistemas de gestão padronizados, como os que seguem as normas ISO 9001: 2008 e ISO 10015: 2001, são o resultado do *know-how* internacional. Representam o conhecimento total e a experiência de uma geração de especialistas internacionais de diferentes ramos de atividade, diferentes culturas e diferentes países, que compilaram suas contribuições práticas. Em todos os setores, sistemas de gestão se transformaram em referência internacional de transparência e eficiência. Com um sistema de gestão bem implementado e certificado, você demonstra ser um parceiro profissional.

O QUE É UMA CERTIFICAÇÃO

Certificação é a declaração formal de "ser verdade", emitida por quem tem credibilidade e autoridade legal ou moral. Ela deve ser formal, isto é, deve ser feita seguindo um ritual e ser corporificada em um documento.

A certificação deve declarar ou dar a entender, explicitamente, que determinada coisa, *status* ou evento é verdadeiro. Deve também ser emitida por alguém, ou alguma instituição, que tenha fé pública, isto é, que tenha credibilidade perante a sociedade. Essa credibilidade pode ser instituída por lei ou decorrente de aceitação social. O certificado é o documento que corporifica a certificação.

VALIDADE

As certificações geralmente precisam ser renovadas e reavaliadas periodicamente por um órgão regulador certificador, que será responsável pela credibilidade dos métodos de avaliação do certificado. O certificador pode tanto ser um órgão público, quanto uma empresa privada independente.

5.4.1 Sistemas de Gestão Geram Valor Agregado

Metas claramente definidas, áreas de responsabilidade claramente delineadas e uma estrutura de comunicações otimizada contribuem para evitar perdas de informação e adicionar eficiência ao negócio.

Uma documentação administrada e transparente constitui a base de métodos de negócio sólidos e confiáveis. Fornece uma plataforma para a organização, tornando possível uma melhoria mensurável dos processos. Este é, hoje, o estado da arte em termos de gestão.

5.5 Responsáveis pela Implementação da Norma ISO 10015

Peter Drucker afirmou que "toda empresa precisa se tornar uma instituição que aprende. Ela também precisa se tornar uma instituição de ensino".

De acordo com a norma ISO 10015, para que o treinamento seja realmente eficiente e eficaz, é preciso rever a postura e a responsabilidade de todos os envolvidos no processo. É, portanto, importante analisar os seguintes envolvidos:

a) **A alta direção:** No item 4.2.1 da norma ISO 10015 (2001, p. 4), a responsabilidade da alta direção é assim especificada:

> É conveniente que a organização defina a competência necessária a cada atividade que afeta a qualidade dos produtos e serviços, avalie a competência do pessoal para realizar a atividade e elabore planos para eliminar quaisquer lacunas de competências que possam existir.

Recomenda-se que a definição tome por base a análise das necessidades atuais e futuras da organização, em contraposição à competência existente de seu pessoal. Compete, portanto, à alta direção, com a colaboração dos gestores da empresa, verificar se os *gaps* de competência estão sendo eliminados. E, principalmente, compete à alta direção analisar o retorno dos investimentos em treinamento. Mas, é bom lembrar o que nos ensina Peter Senge em *A dança das mudanças*:

Muitas pessoas creem que só a alta gerência, o líder heroico, pode impulsionar a mudança. Estão errados. No mundo corporativo de hoje, a alta gerência se associa à liderança. A liderança é a capacidade de uma comunidade humana dar forma a seu futuro e, principalmente, de levar adiante os processos significativos de mudança necessários para fazê-lo. Mas, se acreditamos que só teremos um RH estratégico se contarmos com o apoio da alta direção, a pergunta certa que devemos fazer é: "Quem deve conseguir o apoio da alta direção?"

b) **O gestor de RH/T&D e sua equipe:** O gestor de RH/T&D precisa conseguir o apoio da alta direção, para atuar em nível estratégico. Precisa responder à pergunta: "Que contribuição o RH deve dar para que a empresa atinja seus objetivos estratégicos?". Para responder a essa pergunta, o gestor de RH/T&D precisa conhecer os objetivos estratégicos da empresa. Mais importante ainda, ele precisa participar da definição desses objetivos. Outra pergunta que o gestor de RH precisa responder é a seguinte: "Qual é o retorno do investimento em treinamento?". Treinamento não pode mais ser visto como "despesa". Treinamento é investimento e, como tal, deve ter como objetivo um retorno previsto. E esse retorno precisa ser medido e comparado com indicadores de *performance*. É oportuno dizer que o *know-how* específico sobre avaliação deve ser competência do profissional de RH/T&D, a quem compete orientar os treinandos e seus gestores para que façam corretamente as avaliações dos resultados do treinamento. E quando falamos em *know-how* específico, estamos nos referindo a todos os tipos de avaliações: avaliação de reação, avaliação de aprendizagem, avaliação de mudança de comportamento, avaliação de resultados e avaliação do retorno do investimento em treinamento. Os profissionais de RH/T&D são também responsáveis pela elaboração dos formulários que são utilizados para registrar as avaliações. Deverão ainda elaborar relatórios, dando pareceres sobre as avaliações de treinamento realizadas. E, finalmente, compete aos profissionais de RH/T&D deixar bem claro que, na empresa, o treinamento é responsabilidade de todos.

c) **Os gestores das diversas áreas da empresa:** "Todo gestor é, antes de tudo, um gestor de Recursos Humanos. Quem não é capaz de desenvolver seus colaboradores, não é digno de tê-los." Partindo dessas afirmações, podemos afirmar que os gestores devem ser também responsáveis pelo treinamento. E uma grande responsabilidade é garantir a realização da avaliação dos resultados do treinamento. "Dentro de um determinado período, após o término do treinamento, convém que a gerência da organização garanta a realização de uma avaliação para verificar o nível de competência alcançado" (ISO 10015, 2001, p. 7). O gestor da área a que pertencem os treinandos deverá ser devidamente orientado para avaliá-los. Para avaliar resultados que impliquem mudança de comportamento dos treinandos, é preciso observá-los em seus postos de trabalho, por um tempo relativamente longo. Os gestores, de acordo com a norma ISO 10015 (2001, p. 7), devem ainda "fornecer oportunidades adequadas e pertinentes para o treinando aplicar as competências que estão sendo desenvolvidas". Os gestores precisam saber qual é o retorno do investimento em treinamento. Empresários e gestores chegaram à conclusão de que os recursos humanos de suas empresas são seus ativos intangíveis mais importantes. Entretanto, ainda são poucas as empresas que possuem ferramentas para medir o retorno do investimento em treinamento. As organizações bem-sucedidas, conscientes da importância de seus recursos humanos, estão implementando diversas ferramentas para aumentar a eficiência e eficácia das ações de treinamento e desenvolvimento de pessoas. Mas, certamente, uma das mais importantes ferramentas é a norma ISO 10015: Diretrizes para treinamento.

d) **Os facilitadores:** Entendemos como facilitadores os instrutores, consultores, técnicos e todos aqueles que direta ou indiretamente são responsáveis pelo desenvolvimento dos programas de treinamento. Os facilitadores devem ter *know-why* (saber por que), para entender que todo treinamento deve trazer resultados para a organização, tais como aumento da produtividade, diminuição de custos e outras melhorias, de acordo com os objetivos estratégicos da organização. Eles devem também ter *know-how* (saber como), para desenvolver programas de treinamento eficientes e eficazes, de acordo com as diretrizes especificadas na norma ISO 10015. Os instrutores, por dever de ofício, são responsáveis por diversas modalidades de avaliações. Quando o treinamento é terceirizado, deve-se solicitar do fornecedor desse serviço o detalhamento do processo de avaliação que melhor atenda aos objetivos do programa a ser desenvolvido.

e) **Os prestadores de serviços de treinamento:** A terceirização dos serviços de treinamento é muito comum, principalmente nas grandes organizações, o que é positivo. Mas, infelizmente, esses serviços costumam ser pouco avaliados, pois na maioria das vezes só é feita a avaliação de reação. Como os profissionais que desenvolvem cursos e seminários normalmente são bem capacitados, é fácil para eles "agradar" os participantes e obter uma boa avaliação de reação. Os responsáveis pela contratação de serviços de treinamento precisam ser mais exigentes. É preciso solicitar aos prestadores de serviços de treinamento que façam as avaliações de aprendizagem, de mudança de comportamento e de resultados, de acordo com o treinamento que irão desenvolver. Empresas de consultoria e profissionais que desenvolvem treinamento estão capacitados para elaborar os recursos necessários para as avaliações, como também para aplicá-los. É só exigir. Para manter os padrões ideais de qualidade, o item 4.3.5 da ISO 10015 diz o seguinte: "Recomenda-se que todo fornecedor de treinamento, externo ou interno, seja submetido a um exame crítico antes de ser selecionado para fornecer o treinamento" (2001, p. 6).

f) **Os treinandos:** Os treinandos são agentes e pacientes de muitos tipos de avaliações. Como agentes, compete a eles avaliar o programa de treinamento, os instrutores e os recursos utilizados. Como pacientes, podem ser avaliados pelo instrutor e pelo gestor de sua área. O treinando também pode avaliar seu próprio aproveitamento, fazendo sua autoavaliação. A autoavaliação é um recurso bastante recomendado, pois envolve o treinando no processo ensino-aprendizagem, conforme é descrito no item 4.1.3 da norma NBR ISO 10015:

> O envolvimento apropriado do pessoal cuja competência está sendo desenvolvida, como parte do processo de treinamento, pode favorecer um sentimento de coautoria deste processo, tornando este pessoal mais responsável por assegurar o seu sucesso (2001, p. 4).

Carl Rogers também enfatizou a importância da autoavaliação, ao dizer: "A autoavaliação é o principal método de avaliar o progresso ou o sucesso."

5.6 Usuários da ISO 10015

A efetividade da utilização da ISO 10015 para a garantia da qualidade do treinamento pode ser visualizada na prática de organizações do mundo todo. Tal prática tem contribuído para o alcance da excelência na gestão de recursos humanos, já que comprova o esforço contínuo pela melhoria e a valorização diferenciada do capital humano. A seguir, serão apresentadas algumas organizações que, hoje, são exemplos de gestão estratégica de recursos humanos, de acordo com a *ISO Management Systems* (2005).

Empresas importantes da **China e Suíça** encontram-se entre as primeiras organizações que implementaram a ISO 10015 e conseguiram a certificação ou estão em vias de obtê-la. Na China, o Grupo Haier, fabricante transnacional de eletrodomésticos, com mais de 30 mil empregados em todo o mundo, 96 linhas de produtos e exportação para 160 países, obteve a certificação em 2002. Jiang Huai Auto-motive Company, que conta com 4 mil empregados, obteve sua certificação em 2004. Nanhui Telecom Bureau, pertencente à Shanghai Telecom Company, também recebeu a certificação em 2004. Na Suíça, diversas multinacionais dos setores bancário, de seguros e de outros serviços finalizaram ou estão em fase de implementação da ISO 10015 e do programa de certificação.

No **Barein,** encontramos o escritório Ernst & Young Bahrein, membro independente da Ernst & Young International, um dos quatro maiores prestadores de serviços profissionais e de negócios (*Big Four*). O escritório foi criado em 1928, quando foi considerado a primeira empresa de auditoria externa no Barein e em outros países do Golfo. De acordo com Al Shihaby (2007), a Ernst & Young Bahrein foi a primeira organização no país a implementar a ISO 10015 para garantir a qualidade de seu treinamento.

A Sona Koyo, maior fabricante de automóveis da **Índia**, e a Sona Koyo Steering Systems Ltd., maior fabricante de direção de automóveis do **Japão**, implementaram recentemente a ISO 10015.

Empresas de outros países, como **Argentina** e **Taiwan**, também estão demonstrando um grande interesse pela ISO 10015.

Em **Portugal**, a Sona Koyo foi a primeira organização a obter a certificação ISO 10015. A certificação foi concedida pela Adequate (2011).

TENDÊNCIA: Em diversos países, universidades e empresas de consultoria e treinamento, oferecem serviços de certificação e implementação da norma ISO 10015, como é o caso da Organisation For Quality In Training – OFQT, da Inglaterra. A primeira e provavelmente a maior certificadora da ISO 10015 é a Adequate, uma organização suíça com atuação em vários países.

5.6.1 Um case brasileiro

A empresa Vallourec & Manesmann Tubes – V&M – utilizou o modelo de processo da atividade de treinamento da NBR ISO 10015 para implementar a metodologia Gestão da Competência (Qualypro, 2007).

A V&M tinha como objetivos primordiais atender os requisitos mínimos de capacitação/competência, melhorar os resultados, desenvolver comportamentos e atitudes, e atualizar conhecimentos. O objetivo final era constituir e manter um quadro de colaboradores que fosse reconhecido como o melhor em cada especialidade.

O processo, conduzido pela Qualypro, foi dividido em etapas e categorias, mapeadas de acordo com o público-alvo da organização, e validado por um comitê de superintendentes, contando com a ativa participação das gerências na composição de treinamentos. Assim, foi possível consolidar as iniciativas já existentes, dentro de um conceito e uma política corporativa.

Outro case muito interessante é o da Cia. de Eletricidade do Estado da Bahia – Coelba, onde foi desenvolvido um trabalho para verificar as dificuldades que a equipe gestora tinha em avaliar a eficácia dos treinamentos (Bastos; Souza; Santos, 2005). O trabalho foi feito com base no referencial teórico de autores de Treinamento e Desenvolvimento (T&D) pesquisados e na norma NBR ISO 10015.

Os resultados evidenciaram que os gestores consideram imprescindível ter clareza e envolvimento de todos quanto aos objetivos, ações e papéis dos envolvidos no processo de T&D (79%).

Esses resultados coadunam com as dificuldades evidenciadas no referencial teórico para implantação do processo de avaliação de eficácia, e sinalizam que a Coelba está no caminho correto, na busca por uma atuação competitiva e de sucesso.

Considerando a importância da área de RH, associações de profissionais de RH, organizações especializadas em treinamento e universidades estão tomando a iniciativa de emitir certificados ou conceder selo, comprovando a implementação das diretrizes dadas pela norma ISO 10015.

No Brasil, a T&G desenvolveu um programa de treinamento e assessoria para auxiliar as empresas na implementação da norma ISO 10015. Está previsto nesse programa o desenvolvimento das seguintes atividades:
- Diagnóstico e prognóstico da área de RH;
- Treinamento para eliminar as não conformidades e os *gaps* de competência dos envolvidos no processo de T&D;
- Auditoria de uma terceira parte, com base nas diretrizes dadas pela norma ISO 10015;
- Elaboração de relatório e emissão de certificado, atestando conformidade com os requisitos da norma ISO 10015.

Com o objetivo de implementar as diretrizes da ISO 10015, participaram dos *workshops* desenvolvidos pela T&G os profissionais de RH e T&D das seguintes organizações: Arcelormittal, Petrobras, Voith, Giraffas, Scania, Tetra Pak, Ingepal, Usiminas, Senac, Hospital Português, Sebrae, Tribunal de Justiça do Distrito Federal e Territórios, Tribunal de Contas dos Estados e muitas outras organizações de médio e grande porte, públicas e privadas.

5.7 ISO 10015 e 9001: Boas Práticas de Gestão de Pessoas

Passados 25 anos da primeira certificação ISO 9000 no Brasil, podemos fazer duas afirmações incontestáveis:

1ª. A norma ISO 9000 não é um modismo passageiro.
2ª. A norma ISO 9000 está focada no futuro.

A primeira afirmação é facilmente comprovada se analisarmos o desenvolvimento das empresas nestes últimos anos. A partir de 1990, um número significativo de empresas optou pela Gestão da Qualidade, implementando as normas da família NBR ISO 9000 (a série ISO 9000 foi editada originalmente em 1987).

A ISO 9001, norma que apresenta os requisitos para a certificação de Sistemas de Gestão da Qualidade, está em sua quarta versão, publicada em 2008, ano em que foi superada a marca de um milhão de certificados ISO 9001 emitidos ao redor do mundo, distribuídos em mais de 175 países. Sem sombra de dúvida uma das mais populares normas editadas pela ISO, está focada na capacidade das organizações de entender e atender os requisitos do cliente e os legais aplicáveis aos seus produtos (Academia Tecnológica de Sistemas de Gestão, 2010). Com esta ferramenta de gestão vieram os ganhos de produtividade, as reduções de perdas da produção, a diminuição acentuada do retrabalho, o aumento da competitividade e a consequente melhoria contínua da empresa como um todo.

As normas da família ISO 9000 são hoje consideradas *"boas práticas"*, por diversos motivos, sendo os principais sua atualização e amplitude. Ficou comprovado, na prática, que seus princípios e diretrizes são eficientes e eficazes para implementar a Gestão da Qualidade em empresas de todos os portes e segmentos.

O fato mais importante, que comprova a ênfase dada aos Recursos Humanos das empresas, é a edição da norma ISO 10015 (Norma ABNT NBR ISO 10015: 2001 – Gestão da qualidade – Diretrizes para treinamento). Esta norma pode ser aplicada sempre que uma orientação for necessária para interpretar referências à *educação* e ao *treinamento* nas normas das famílias NBR ISO 9000, 14000 e outras normas de gestão.

As normas de gestão atuais entendem que o futuro são as pessoas. Desenvolvendo os recursos humanos, desenvolve-se a empresa.

Outra comprovação de que a norma está focada no futuro é o fato de considerar o RH uma área estratégica. Na norma 10015 são dadas diretrizes para que a empresa identifique suas competências essenciais (*core competence*).

É bom entender que uma norma, mesmo sendo considerada uma *"lei menor"*, tem a força necessária para mudar comportamentos e conceitos. Com a norma, o *treinamento* deixou de ser despesa e passou a ser investimento. Com a simples mudança de conceito surgiu a necessidade de avaliar o investimento em treinamento. Afinal, se treinamento é investimento, tem que dar resultado, e esse resultado tem que ser conhecido, medido, avaliado e, principalmente, bastante compensador.

Concluindo, podemos afirmar:
- As normas da família ISO 9000 são ferramentas comprovadamente eficientes e eficazes para implementar a Gestão da Qualidade.
- Para as normas, foco no futuro é foco em pessoas – em clientes e fornecedores – internos e externos.

5.8 O Futuro do RH e de seus Profissionais

A falta de foco em determinada área da empresa é uma ocorrência chamada "miopia". A primeira foi a "miopia em *Marketing*", genialmente diagnosticada por Theodore Levitt, professor de Administração de Empresas da Universidade de Harvard. Seu artigo sobre o assunto é um verdadeiro clássico da literatura especializada.

No caso do RH, a "miopia" vem sendo identificada aos poucos, por diversos especialistas. E com base nos diagnósticos, já é possível fazer um prognóstico e pensar em como será o "Novo RH".

O "Novo RH" será, certamente, estratégico. A ideia de ter um "RH estratégico" vem sendo amplamente divulgada como uma tendência mundial. Na verdade, como explica o professor Edgar Costa (2008), o RH está em processo de trânsito, cujo objetivo é se tornar um *business partner*.

Para que possa implementar a Gestão Estratégica de Recursos Humanos (GERH), o gestor de RH precisa contar com o apoio de todos os demais gestores. Um dos grandes desafios da área de Recursos Humanos é, portanto, capacitar os gestores de linha para que atuem como verdadeiros gestores de pessoas. O RH, não como departamento, mas como processo, é a base de sustentação e desenvolvimento das organizações modernas. Somente com o alinhamento da GERH com as estratégias corporativas é que o capital humano será realmente um diferencial e uma vantagem competitiva da organização.

Para ser profissional da área do "Novo RH", é preciso:
- **Agir estrategicamente.** Mesmo que o RH da empresa não seja estratégico, o profissional de RH deve agir estrategicamente, precisa alinhar as atividades da sua área com as estratégias da organização. Tem que responder, de forma convincente, à pergunta: Que resultado a empresa espera do RH?
- **Obter resultado para a organização – Muito resultado!** Para obter resultados é preciso eliminar seus *gaps* – suas lacunas de competência. Os *gaps* a serem eliminados, na maioria das vezes, estão relacionados com o desconhecimento de algumas boas práticas de RH. O profissional de RH precisa provar que o RH não é centro de custo, provar que treinamento, por exemplo, não é custo, mas investimento com retorno bastante significativo.
- **Conhecer o negócio.** Sobre o conhecimento do negócio, José Bancaleiro (2006) faz o seguinte comentário:

  > Neste domínio, que eu gostaria de chamar de contribuinte ou parceiro no negócio, juntam-se competências de índole estratégica, com a visão estratégica, o conhecimento dos produtos e do negócio, a orientação para o cliente, a orientação para resultados, com competências ligadas à gestão de processos, como a capacidade de transformar a visão em políticas, a capacidade de alinhar o plano de Recursos Humanos (*People Plan*) com o plano global da empresa, a elaboração de planos de desenvolvimento de competências organizacionais etc. (Bancaleiro, 2006, p. 33).

- **Atualizar-se.** Para atuar como agente de mudança e desenvolver as atividades que o "Novo RH" requer, a maioria dos profissionais da área de RH precisa urgentemente atualizar seus conhecimentos e adquirir novas competências. Infelizmente, a pesquisa da ABTD, de 2007/2008, mostra que os profissionais de RH são os que menos receberam treinamento. Diante do exposto, temos um paradoxo: a área de RH se desenvolve, mas muitos de seus profissionais, não. Por este motivo, "nunca o profissional de RH foi tão valorizado como agora" (Kuhn, 2008).
- **Ter foco.** O profissional de RH precisa focar mais nas estratégias e nas atividades específicas para *atrair, manter e desenvolver as pessoas*, conforme o princípio base do sistema de gestão de recursos humanos (Norma Portuguesa 4427, 2004). Para tanto, os profissionais da área de RH precisam conhecer as diretrizes dadas pela norma ISO 10015, para definir e implementar corretamente as competências requeridas pela organização.
- **Exercer influência.** Como Drucker alertou, "a maior sabedoria, se não for aplicada à ação e ao comportamento, torna-se apenas um dado sem importância". Os profissionais de RH são "trabalhadores do conhecimento", de acordo com a definição de Drucker. Estamos em posição peculiar para exercer influência, temos acesso aos superiores, mas sem autoridade para dizer o que deve ser feito. Marshall Goldsmith (HSM Management, 2009) um dos *coaches* mais respeitado do mundo corporativo norte-americano, dá dicas aos executivos de RH para que seus conhecimentos realmente façam diferença na empresa. Uma de suas dicas é a seguinte:

> Concentre-se no futuro e deixe o passado para trás. Pessoas bem-sucedidas adoram ideias que possam ajudá-las a atingir metas. Os erros ficam no passado.. Ao se concentrar no futuro, o foco vai para o que pode ser con-

quistado amanhã, em oposição às conquista perdidas ontem. Essa orientação para o futuro auxilia muito na hora de influenciar superiores, além de proporcionar a construção de laços de longo prazo com profissionais de todos os níveis da empresa. Em resumo, pense nos anos que você passou "aperfeiçoando sua arte" como profissional de RH. Lembre-se dos conhecimentos acumulados e de como tudo isso pode contribuir para a empresa. Quanta energia foi investida na conquista desse conhecimento? Quanta dedicação foi alocada para esse aprendizado? Minha esperança é que, ao investir um pouco no aprendizado para influenciar superiores, você possa fazer grande diferença em sua empresa!

O guru americano Jeffrey Pfeffer (2012) diz que os profissionais de RH não são hábeis em ter seu ponto de vista ou perspectiva aceito na companhia. Para justificar, afirma: "Eu diria que o grande problema da comunidade de gestão de pessoas é justamente a ausência de poder."

Segundo o professor, vários profissionais de recursos humanos dizem não estar interessados nesse poder, seguindo um discurso de que o RH deve fazer o bem e ter um enfoque mais humano.

Esse pensar em fazer o bem, em ajudar os indivíduos e não desejar o poder impede o RH de ir mais longe. O que esse executivo não percebe é que, para ter sua opinião promovida e discutida e fazer as coisas como gostaria, ele precisa desse poder.

"Todo mundo deve ser hábil para conquistar respeito, exercer influência e participar nas decisões da organização", diz Pfeffer (2012). A dica do guru para alcançar o poder se resume em duas palavras: desejo e habilidade. Primeiro, o profissional de RH precisa desejar o poder, ter ambição. Segundo, precisa das habilidades necessárias para conquistá-lo: energia, persistência e, de certa forma, saber gerenciar conflitos, porque a estratégia envolve construir relacionamentos.

CURIOSIDADES

A) Gestor de RH é uma nomenclatura genérica. Nas organizações, dependendo do porte e nacionalidade, são utilizados diversos títulos, como: CHRO (*Chief Human Resources Officer*) – principal executivo de Recursos Humanos; CKO (*Chief Knowledge Officer*), também chamado de CLO (*Chief Learning Officer*), Gestor de Aprendizagem, Vice-presidente de RH ou Diretor de RH – quem administra o capital intelectual da empresa, reúne e gerencia todo o conhecimento da organização, entende tanto de tecnologia e processos quanto de pessoas.

B) Nunca o profissional de RH foi tão desejado pelas empresas como agora. Perfil do executivo que o mercado procura: capacidade de interação com as pessoas e com o ambiente, percepção aguçada para antecipar crises e conflitos, visão estratégica da empresa e do mercado em que atua, interação com outras empresas para alinhar as políticas de remuneração, domínio de inglês e espanhol, formação em negócios, experiência multicultural e expertise em gerenciar talentos (Kuhn, 2008).

C) Depois de um ano debruçados sobre o tema, os americanos descobriram que empresas com clima leve produzem até 40% mais do que as sérias demais, funcionários com chefes e colegas bem-humorados são até três vezes mais engajados do que aqueles que têm que lidar com carrancudos, e organizações que estimulam o humor têm redução de até 21% nas taxas de *turnover* (*Você RH*, 2010, p. 16).

Questões sobre o Capítulo

1) Explique o ciclo PDCA.
2) O que você entende com a frase: "A qualidade começa e termina com a educação"?
3) Quais benefícios o envolvimento dos treinandos traz para o treinamento?
4) Geralmente, quais os temas desenvolvidos por uma organização num programa de integração?

5) Qual é a relevância da certificação para uma organização?
6) Quais são as vantagens da implementação da ISO 10015?
7) Quem são os responsáveis pela implementação da norma ISO 10015?
8) O que é necessário para implementar a Gestão Estratégica de Recursos Humanos?
9) Cite exemplos de países e empresas usuárias da ISO 10015.

Construindo um Glossário

Pesquise em dicionários ou livros de administração os termos:
- *Knowledge workers*
- *Business partner*
- *People Plan*
- *Coaches*
- *Know-why*

Conhecendo Autores

Escolha um autor citado no texto e realize uma pesquisa sobre sua vida, obras e principais ideias.

Pesquisa de Campo

Pesquise uma organização que tenha implementado ou conheça a ISO 10015 e realize uma entrevista com os responsáveis, sobre as dificuldades e benefícios de implementar essa norma.

Case

Duas entidades renomadas, a Associação de Dirigentes de Vendas e *Marketing* do Brasil (ADVB) e o Centro do Comércio do Estado de São Paulo (CCESP), realizaram um *workshop* para viabilizar a realização do I Seminário Brasileiro de Mala Direta (3).

O *workshop* foi bastante "tumultuado". Para reverter a situação, o coordenador preparou um relatório, com base nas avaliações dos participantes. Considerando a análise crítica e as sugestões do coordenador, os participantes do *workshop* fizeram uma reunião de estudo e conseguiram definir um plano para viabilizar o objetivo do evento. O relatório foi suficiente para motivar os participantes e levá-los adiante em busca do que se pretendia.

a) Este exemplo mostra a importância dos relatórios de avaliação no envolvimento das pessoas? Justifique sua resposta.
b) Você concorda com a afirmação: "Os treinandos gostam de avaliar e, principalmente, de ser informados do resultado da avaliação, sejam os resultados bons ou maus"? Por quê?
c) Relacione a proposta sugerida pelo coordenador com as orientações da ISO 10015.

Filmes

- *A corrente do bem* (autoconfiança, determinação, coragem, entusiasmo)
- *À procura da felicidade* (autoconfiança, determinação, coragem e entusiasmo)
- *De porta em porta* (persistência, paciência, resultados, coragem e sucesso)
- *Bravura indômita* (coragem, persistência e determinação)
- *Sonhadora* (treinamento, determinação e coragem)

Atividade com filmes: Selecione um dos filmes indicados e realize uma análise crítica que contemple os conceitos relacionados a cada um e o conteúdo abordado no capítulo.

Dinâmica

a) Precisamos uns dos outros
Objetivos:
- Melhorar a percepção (minha e do outro);
- Desenvolver a solidariedade;
- Promover integração do grupo.

Material necessário: Vendas para os olhos
Desenvolvimento:
1. Dividir a equipe em duplas;
2. Solicitar que um dos parceiros fique com os olhos vendados;
3. Solicitar que o outro parceiro leve a pessoa para dar uma volta pelo ambiente, proibindo-a de falar com a pessoa vendada durante o passeio.

Em grupo:
- Solicitar que todas as pessoas que foram vendadas descrevam a experiência;
- Solicitar que todas as pessoas que foram guias descrevam os sentimentos durante a vivência.

Responder em conjunto para compartilhar com a equipe:
1. Por que precisamos uns dos outros?
2. Mesmo com dificuldades, sobrevivemos à experiência. O que isso significa para o grupo?

b) Implementando a ISO 10015
Objetivos:
Refletir sobre estratégias e ações para implementação da ISO 10015;
Aplicar a metodologia sugerida pela ISO 10015.

Desenvolvimento:
O grupo deverá definir uma estratégia para implementar a ISO 10015.
O grupo deverá responder às seguintes questões:
- Como obter a autorização e o apoio da diretoria, para que a ISO 10015 seja implementada na organização?
- Como obter o apoio dos gestores, para que auxiliem na implementação das diretrizes dadas pela ISO 10015?
- Como sensibilizar todo o pessoal para que se sintam corresponsáveis pelo desenvolvimento de suas competências?

Tempo: 30 min

c) Painel de peritos consultores

Os representantes de cada grupo farão parte do painel e deverão fazer suas apresentações de acordo com a seguinte metodologia:

1ª Fase
- Os peritos consultores apresentarão suas conclusões.
- Será privilegiado o **monólogo**.

2ª Fase
- Nesta fase, os demais participantes do *workshop* farão perguntas aos peritos consultores. Mas, somente uma pergunta por vez.
- Não será permitida a **réplica**.
- As perguntas deverão ser dirigidas à equipe de peritos consultores, e não especificamente a um dos peritos.
- Os peritos poderão deixar de responder às perguntas que considerarem "irrelevantes".

3ª Fase
- Ao final, cada um dos peritos consultores deverá dar um conselho pontual a todos os participantes do *workshop* para que tenham sucesso na implementação da norma ISO 10015.

Tempo: 15 min

Para Descontrair... Frases e Humor

"Tecnologia hoje é *commodity*. O que faz a diferença são as pessoas. Por isso, as empresas inteligentes têm investido cada vez mais no treinamento e montado seus estoques de conhecimento, o que traz velocidade e renovação constante aos negócios." (Mário Sergio Cortella)

"As companhias mais admiradas e mais rentáveis compartilham de um denominador comum: pessoas felizes." (Richard Whiteley)

"Se você não consegue verificar, analisar, sintetizar e enumerar alguma coisa, logicamente esse 'algo' não existe." (René Descartes)

"O verdadeiro RH aparece nos resultados da empresa." (Jack e Suzy Welch)

"Qualquer coisa que vale a pena fazer, vale a pena medir." (Peter Copezio & Debra Morehouse)

"O que é medido é melhorado." (William E. Eureka & Nancy Ryan)

"Coisas que são medidas são comentadas e coisas que não são medidas não são comentadas." (Jeffrey Pfeffer)

"Não existe um evento de treinamento que, bem feito, não produza resultados! Nenhum!" (Benedito Millioni)

"O controle da qualidade começa e termina com educação." (Ishikawa)

"Já foi dito que os números governam o mundo. Não sei. Mas tenho a certeza de que os números nos mostram se ele está sendo bem ou mal governado." (Goethe)

"Manter o bom humor no escritório estimula a produtividade e a lealdade dos profissionais, além de diminuir os níveis de *turnover*". (Adrian Gostick e Scott Chistopher)

"Rir de 100 a 200 vezes equivale ao mesmo esforço de remar por 10 minutos. Que tal começar o exercício agora?" (Professor Willian Fry, da Stanford University)

"O ambiente de trabalho tem que estar intrinsecamente ligado à felicidade." (Milton Luiz Pereira)

"Quanto mais poder você cede, mais poder você tem." (Francis Hesselbein)

"Trabalho de gestão é ver a companhia não como ela é, mas como ela pode se tornar." (John W. Teets)

"Leve seu trabalho a sério, mas a si mesmo, com leveza." (C.W. Metcalf)

"Descubra o que você mais gosta de fazer e arrume alguém para pagar você para fazer isso." (Katherine Whitehorn)

"Se você não pode descrever o que está fazendo como um processo, você não sabe o que está fazendo." (W. Edwards Deming)

"Quando você não sabe o que fazer, caminhe rápido e pareça preocupado." (Paul Dickson)

"As únicas coisas que evoluem sozinhas em uma organização são a desordem, os conflitos e o baixo desempenho." (Peter Drucker)

"Nunca deixe o urgente expulsar o importante." (Kelly Catlin Walker)

"Para fazer grandes coisas não se deve estar acima dos homens, mas junto deles." (Charles de Montesquieu)

"O mais importante ingrediente na fórmula do sucesso é saber como lidar com as pessoas." (Theodore Roosevelt)

Considerações Finais

Como toda realização humana, esta é uma obra com limitações e potencialidades. Esperamos que cada um consiga, na sua atividade diária, fazer uso produtivo do que foi apresentado neste livro. O mais importante de um conceito é que ele seja útil para a modificação de um pensamento e/ou de um comportamento. A excelência em Recursos Humanos depende, sobretudo, da forma como gestores, lideranças e as pessoas que trabalham na organização vão compartilhar e articular seus conhecimentos e aprendizados. De maneira geral buscamos sutilmente mostrar que a administração de pessoas, hoje, deve convergir objetividade e subjetividade para alcançar o equilíbrio produtivo. Como?

Iniciamos cada capítulo com uma reflexão inicial que leva o leitor a pensar sobre algumas necessidades humanas essenciais, como as de se relacionar, cooperar, aprender e, por que não, competir? Porém, no interior de cada capítulo foram abordados conceitos e técnicas para tornar o RH estratégico. Agora, ficamos à vontade para mostrar uma entre inúmeras possibilidades de relacionar a intenção subjetiva da história com o teor objetivo do capítulo:

Capítulo	Aproximação da história com o conteúdo do capítulo
Gestão de RH - Conceitos e Princípios	Uma organização, para ser produtiva e eficaz, precisa de envolvimento, comprometimento, colaboração, utilização eficiente do tempo e dos recursos. Competentes são o indivíduo e a organização que pensam e agem pensando nas consequências a longo prazo rumo a um propósito compartilhado. Como um bebê é fruto de cumplicidade e cooperação, uma organização terá resultados por meio do planejamento e da participação.

continua

continuação

RH Estratégico e Gestão Estratégica de Treinamento	Como mudar comportamentos? Assim como na história apresentada, o ambiente estimulava os macacos a baterem nos novatos e a não se questionarem sobre suas práticas, podemos refletir sobre os motivos que nos levam a não querer aceitar mudanças ou a não querer agir de forma diferente. Quando a administração de pessoas é pensada estrategicamente, são questionados frequentemente os motivos que levam as pessoas a se comportarem e agirem de determinada maneira. Verificam-se as necessidades da organização para que estas sejam supridas de forma coerente e contínua. Assim, não correm o risco de não saber explicar sobre os seus próprios erros ou acertos.
Treinamento Estratégico e a ISO 10015	A ISO 10015 pode ser comparada à receita da "torta de morangos" citada na história. Ela nos fornece os indicadores e os caminhos para alcançar uma gestão de pessoas excelentes. No entanto, como na história, há sempre de se pensar na operacionalização de um grande evento e, portanto, quando gestores vão implementar a norma surgem os imprevistos. Para evitar surpresas desagradáveis, ou melhor, para aprender a trabalhar com o inesperado, há diretrizes fundamentais do treinamento estratégico que, mais do que ensinar a fazer cada processo, ensinam como pensá-lo, modificá-lo e colocá-lo em prática em diferentes situações e organizações.
Avaliação do treinamento – Propostas e Perspectivas	Quem não possui uma "vaquinha" da acomodação que nos faz sentir seguros, mas muitas vezes também nos faz continuar na mesmice? Na avaliação do treinamento a ideia é não deixar as vaquinhas da mesmice se reproduzirem, ou seja, é atirar no precipício tudo aquilo que empaca o crescimento da organização. Avaliar é um exercício de crescimento. É uma prática saudável que fornece energia e novos horizontes para o desenvolvimento organizacional. Quando avaliamos, tornamos nossas "fazendas" mais produtivas e nossas "vidas" mais evoluídas.
Eficácia do Treinamento e Implementação da ISO 10015	"Ubuntu" ou "sou quem sou, porque somos todos nós!". Essa é a mensagem da história do último capítulo. Por quê? Se falamos sobre eficácia de treinamento e a implementação de uma norma que eleva a organização à excelência em gestão de pessoas, há de se ressaltar que tal estado só será possível quando houver empatia e produtividade. "Como uma de nós poderia ficar feliz se todas as outras estivessem tristes?", comenta uma das crianças da tribo; da mesma forma, todos os esforços em termos de pessoas nas organizações são para que cada indivíduo também alcance seu nível de excelência pessoal e profissional, e possa crescer com a organização. Pessoas de sucesso geralmente afirmam que "para saírem do lugar, precisam que outras as substituam e que cresçam com elas". Assim, a organização que busca excelência em gestão de pessoas também busca excelência em termos de competitividade e evolução no mercado. Para uma empresa crescer, ela precisa que todos que fazem parte dela se desenvolvam.

Considerações Finais

Enfim, as reflexões não tiveram a intenção de limitar a imaginação do leitor e, por isso, essas possíveis relações só foram apresentadas agora. Assim como as interpretações e os recortes teóricos selecionados por nós nesta obra podem e devem ser expandidos por vocês, leitores. Sugerimos a leitura dos escritos originais dos autores citados, como Drucker, Hamel, Prahalad, Porter, entre outros, para maior aprofundamento nos conceitos e temas abordados, além de uma revisão detalhada na NBR 10015.

Para todos aqueles que trabalham com pessoas, fica uma mensagem especial dos autores:

- Que os desafios sirvam de lição para o desenvolvimento pessoal;
- Que a cooperação seja o caminho para a prosperidade profissional;
- Que o diálogo ajude a tornar as relações mais sinceras e o ambiente de trabalho mais saudável;
- Que todos os dias juntos sejam repletos de lágrimas e sorrisos compartilhados, para perceber que o trabalho e a vida só têm sentido em conjunto.
- Trabalhar em equipe significa unir esforços e talentos para atingir o sucesso e a felicidade!

Referências

ABTD. **O retrato do treinamento no Brasil**, 2007/2008.
ACADEMIA TECNOLÓGICA DE SISTEMAS DE GESTÃO. **Normas e modelos de sistemas de gestão**. Disponível em: <http://www.atsg.com.br/normas-e-modelos-de-sistemas-de-gestao>, Acesso em: 26 jan. 2010.
BAKER, Paul de. **Gestão ambiental**: a administração verde. Rio de Janeiro: Qualitymark, 1995.
BANCALEIRO, José. *Scorecard* **de capital humano**. Lisboa: RH Editora, 2006.
BASTOS, Carlita Moraes; SOUZA, Kleber Oliveira de; SANTOS, Maria de Fátima Prazeres dos. **Dificuldades evidenciadas no processo de avaliação da eficácia de treinamento na Coelba**. Monografia. Pós-graduação em Gestão de Pessoas. Escola de Administração, Universidade Federal da Bahia. Salvador (BA): UFBA, 2005. Disponível em: <http://www.eps.ufsc.br/disserta99/ferreira/cap3b.html>. Acesso em: 12 mar. 2006.
BECKER, B. E.; HUSELID, M. A.; ULRICH, D. **Gestão estratégica de pessoas com "*scorecard*"**. 3. ed. Rio de Janeiro: Campus, 2001.
BENI, B. P. B. G.; LUCHETI, W. D.; POENER, M. **Avaliação dos resultados em treinamento.** Rio de Janeiro: Qualitymark; São Paulo: ABRH, 2002.
BERGAMINI, C. W.; BERALDO, D. G. R. **Avaliação de desempenho humano na empresa**. 4. ed. São Paulo: Atlas, 1999.
BRANDÃO, Hugo P.; GUIMARÃES, Tomás de A. Gestão de competências e gestão de desempenho: tecnologias distintas ou instrumentos de um mesmo construto? **RAE**, São Paulo, v. 41, nº. 1, p. 8, 2001.
CHIAVENATO, Idalberto. **Recursos Humanos:** o capital humano das organizações. 8. ed. São Paulo: Atlas, 2004.

DRUKER, Peter F. **O gerente eficaz**. Rio de Janeiro: Livros Técnicos e Científicos, 1990.

DUTRA, Joel et al. **Gestão por competências**: um modelo avançado para o gerenciamento de pessoas. São Paulo: Gente, 2001.

FLEURY, Afonso; FLEURY, Maria Tereza Leme. **Estratégias empresariais e formação de competências**. 2. ed. São Paulo: Atlas, 2001.

GRAMIGNA, Maria Rita. **Gestão por competências**: Uma opção para tornar as empresas mais competitivas. 2004. Disponível em: <http: terravista.pt/enseada/5831/trabalho/t1999125.html>. Acesso em: 1 out. 2010.

GUIA PMBOK. (2004). Disponível, em português, na livraria do PMI. 2004.

HAMEL, Gary; PRAHALAD, C. K. **Competindo pelo futuro:** estratégias para obter o controle do seu setor e criar os mercados de amanhã. 21. ed. Rio de Janeiro: Campus, 1997.

HANBLIN, A. C. **Avaliação e controle de treinamento**. São Paulo: McGraw-Hill, 1978.

HARVARD BUSINESS REVIEW BRASIL. Janeiro de 2011.

HAVARD BUSINESS REVIEW. The employee. Customer profit chain at Sears. Jan/Feb, 1998.

HERSEY, P., BLANCHARD, K. H.. **Psicologia para administradores de empresas:** a utilização de recursos humanos. São Paulo: EPU, 1974.

JALOWITZKI, Marise. **Manual comentado de jogos e técnicas vivenciais**. 3. ed. Porto Alegre: Sulina, 2002.

JAQUES, Elliott. **Requisite Organization**. 2. ed. Virginia: Cason & Hall, 1998.

KING, Adelaide Wilcox et al. Competências organizacionais e vantagem competitiva: o desafio da gerência intermediária. **ERA**, São Paulo, v. 42, nº. 1, p. 36-49, 2002.

KIRKPATRICK, D. L. **Evaluating Training Programs**: The Four Levels. San Francisco: Berret-Koehler Publishers, 1984.

KIRSNER, Scott. Más notícias têm de circular. **Exame**, São Paulo, nº. 775, p. 118-119, 2002.

KUHN, Raquel. Profissionais de RH são disputados pelo mercado. **Revista Você RH**, 17 jul. 2008.

MACIEL, T. J. P. **Tópicos de aula na disciplina Formação Didática para Administradores.** 1999. Aula ministrada em curso aberto, auditório da Revista EPSE, 2006.

MATTAR, Fauze Najib. **Pesquisa de *marketing*.** Ed. compacta. 3. ed. São Paulo: Atlas, 2001.

MAXIMILIANO, Antonio César Amaru. **Introdução à Administração.** 5. ed. São Paulo: Atlas, 2000.

MELLANDER, Klas. **O poder da aprendizagem.** São Paulo: Cultrix, 2005.

MORRIS, Tom. **A nova alma do negócio:** como a filosofia pode melhorar a produtividade de sua empresa. 6. ed. Rio de Janeiro: Campus, 1998.

MOURA, José Aristides A. **Os frutos da qualidade:** a experiência da Xerox do Brasil. São Paulo: Makron Books, 1993.

NBR ISO 10015. **Gestão da qualidade**: diretrizes para treinamento. Rio de Janeiro:. Associação Brasileira de Normas Técnicas (ABNT), 2001.

NBR ISO 9004. **Gestão da qualidade e elementos do sistema de qualidade.** Rio de Janeiro: ABNT, 1994.

NP 4427: 2004. **Sistemas de gestão de recursos humanos.** Requisitos. (Norma Portuguesa). Disponível em: <http://www.ipq.pt/custompage.aspx?modid=35&pagid=4058>. Acesso em: 24 ago. 2007.

OLIVEIRA, Marcos Antonio Lima de. Indicadores de desempenho. **Isoqualitas..** Disponível em:<http://www.qualitas.eng.br/qualitas_artigos_indicadores.html>. Acesso em: 10 jan. 2012.

PERRENOUD, P. **Avaliação: da excelência à regulação das aprendizagens** – entre duas lógicas. Trad. Patrícia Chittoni Ramos. Porto Alegre: Artes Médicas Sul, 1999.

PESQUISA DA ISR. Disponível em: <www.isrinsight.com.br>. Acesso em: 4 out. 2006.

PORTER, Michael E. **Estratégia competitiva**: técnicas para análise de indústrias e da concorrência. 5. ed. Rio de Janeiro: Campus, 1991.

QUALYPRO. **Case da implementação da ISO 10015 na V&M**. Disponível em: <http://www.qualypro.com.br/novosite/det_cases.asp?id=3>. Acesso em: 8 maio 2007.

RHINOW, Guilherme. Inovando e competindo por meio da gestão de pessoas. **ERA** Light, v. 8, n°. 1, p. 2-7, jan.-mar. 2001.

RIOS NETO, Antônio Sales. **Era caórdica**. Ceará, [2001?].

RUZZARIN, Ricardo. **Gestão por competências:** indo além da teoria. Porto Alegre: Sebrae-RS, 2002.

SCHAAN, Maria Helena. **Avaliação sistemática de treinamento**: guia prático. São Paulo: LTr, 2001.

SENGE, Peter. **A dança das mudanças**. Rio de Janeiro: Campus, 2000.

SIMÃO, Luiz Augusto P. M. Mensuração: gerenciando o conhecimento nas organizações. **Falando de Qualidade**, São Paulo: Epse, n. 138, 2007.

SOUZA, César. **Talentos e competitividade**. Rio de Janeiro: Qualitymark, 2000.

STEWART, Thomas A. **Capital intelectual:** a nova vantagem competitiva das empresas. Rio de Janeiro: Campus, 2000.

TREVISAN, Leonardo. **Educação e trabalho**. São Paulo: Senac, 2001.

Os Autores

Sebastião Guimarães

Consultor Titular da T&G Treinamento. Facilitador do *workshop*: ISO 10015. Autor de livros técnicos e didáticos das editoras Ática e Saraiva. Vivência profissional como Professor da Pós-graduação da Universidade São Judas Tadeu, Professor convidado do curso de extensão universitária da Fea/Unicamp, Orientador de Ensino Senac-SP, Coordenador de Treinamento Em presarial do CCESP, Gerente de Divisão de Treinamento da Mercedes Benz do Brasil e Gerente do Programa de Qualidade Total do Sebrae-SP.
www.tgtreinamento.com.br
guimaraes@tgtreinamento.com.br
Fones: (11) 2367.5572 e 94233.0606

Jorge de Paiva Campos

Mestre em Gestão da Qualidade Total pela Faculdade de Engenharia Mecânica da UNICAMP (FEM – UNICAMP), possui pós-graduação em Estudos Brasileiros (Mackenzie) e Formação de Professores de Disciplinas Técnicas (Esquema I). Tem experiência na implementação de programas de Gestão da Qualidade Total, coordenou a implantação do programa da qualidade no Polo Moveleiro de Votuporanga – SP (de 1997 a 1999), pelo Ministério da Ciência e Tecnologia (CNPq – RHAE), sendo o responsável pela Certificação ISO 9001 de seis empresas, simultaneamente.
www.abacocursos.com.br
depaivacampos@gmail.com
Fones: (11) 2091-6021 e 98273-9064

Ana Cristina da Costa Piletti

Relações Públicas, Pedagoga com mestrado em Educação e MBA Executivo em *Marketing* e Comunicação pela Escola Superior de Propaganda e *Marketing* (ESPM). Professora universitária nos cursos de Comunicação Social e *Marketing* na Universidade de Sorocaba (UNISO) e no curso de Pedagogia na Faculdade Paulista de Educação e Comunicação (FAPEC). Coordenadora do Curso de Relações Públicas da UNISO. Organizadora de materiais técnicos e didáticos da Secretaria Municipal de Educação de Amparo – SP. Assessora em gestão educacional inclusiva e de comunicação e *marketing* educacional.
anapiletti@hotmail.com
Fones: (15)3418-4085 e 9784-7537